Willi Butollo und Gabriele Pfoh

Wenn Zeit allein nicht heilt

Komplizierte Trauer begleiten

Patmos Verlag

VERLAGSGRUPPE PATMOS

PATMOS
ESCHBACH
GRÜNEWALD
THORBECKE
SCHWABEN

Die Verlagsgruppe
mit Sinn für das Leben

Für die Schwabenverlag AG ist Nachhaltigkeit ein wichtiger Maßstab ihres Handelns. Wir achten daher auf den Einsatz umweltschonender Ressourcen und Materialien.

Bibliografische Information der Deutschen Nationalbibliothek
Die Deutsche Nationalbibliothek verzeichnet diese Publikation in der Deutschen Nationalbibliografie; detaillierte bibliografische Daten sind im Internet über http://dnb.d-nb.de abrufbar.

www.patmos.de

Umschlaggestaltung: Finken & Bumiller, Stuttgart
Druck: CPI books GmbH, Leck
Hergestellt in Deutschland
ISBN 978-3-8436-0386-7 (Print)
ISBN 978-3-8436-0533-5 (eBook)

»Und wenn ich vom Grab weggehe, nachdem ich die Kerze neu angezündet, die vertrockneten Blumen entsorgt und das Unkraut gejätet habe, schaue ich auf das große Friedhofstor, durch das ich gleich gehen werde, und denke, was kommt jetzt, was mache ich nun?«

ANONYMES ZITAT

Vorwort

Heilung oder Neuordnung – das ist hier die Frage. Wäre es nicht wünschenswert, wenn Trauer einfach heilen würde und der gefühlte Scherbenhaufen, den der Verlust eines nahestehenden Menschen hinterlässt, einfach wieder zusammengefügt werden könnte und alles wie früher wäre?

Sie ahnen es – oder vielleicht wissen Sie es bereits aus eigener Erfahrung: Nichts ist nach dem Tod eines nahestehenden Menschen mehr heil so wie vorher – nicht früher und nicht später. Auch die Zeit ist kein verlässlicher Helfer. Unwiderruflich hat der Tod das Bisherige beendet. Und so stehen die Hinterbliebenen der Aufgabe gegenüber, wie sie mit dieser Situation, mit diesem Verlust umgehen. Früher oder später müssen sie sich der Forderung stellen, ihr Leben neu zu ordnen, um das entstandene Chaos aufzuräumen – ob sie es wollen oder nicht. Denn die Veränderung in ihrem Leben hat mit dem Tod des anderen bereits stattgefunden.

Die Unterstützung, die wir dabei diesen Hinterbliebenen anbieten können, ist vielfältig und hängt meist auch davon ab, ob wir die Rolle des Trauerbegleiters als Profi oder Laie, zum Beispiel als Freund, Familienangehörige oder Nachbar, wahrnehmen. In jedem Fall stellt sich die Frage, was wir tun können, wie wir es tun und was wir vielleicht auch nicht zu tun brauchen. So ist es unser Anliegen, Ihnen als Trauerbegleiter, sei es in der professionellen oder privaten Rolle, Hilfestellungen an die Hand zu geben.

Inhalt

Einstimmung

Verlust durch Tod

Wer kennt sie nicht, die Trauer? Gewiss, wir würden gerne darauf verzichten, Trauer zu erleben. Doch die meisten Menschen müssen sich im Laufe ihres Lebens mit Trauer und Trauerreaktionen auseinandersetzen. Natürlich kann sich Trauer auf ganz unterschiedliche Verluste beziehen. So kennen wir unter anderem den Verlust des Partners oder der Partnerin durch Trennung oder Ehescheidung, den Verlust der Heimat, des Arbeitsplatzes, der Gesundheit, den Verlust unseres Ersparten oder den Verlust unseres Status oder Ansehens.

Dieses Buch beschäftigt sich mit dem Verlust durch den Tod eines nahestehenden Menschen. Es geht aber auch um das Überleben, den Umgang mit dem Unwiderruflichen und Permanenten, das Weiterleben der Hinterbliebenen nach dem Tod dieses Nächsten und um die Verantwortung für sich selbst in dieser neuen Situation, das Weiterleben zu gestalten.

Auswirkung des Todes auf Hinterbliebene

Der Tod eines wichtigen Menschen ist einschneidend für die Hinterbliebenen: eine der schmerzlichsten Erfahrungen, die wir kennen und die oft das Leben gründlich verändert. Die Frage, ob es schwierigere oder weniger schwierige Verluste gibt, stellen wir hier nicht, denn Trauer lässt sich nicht vergleichen. Sie verletzt, hinterlässt ihre Spuren, egal wie alt die verstorbene Person war, wie sie zu Tode kam oder wie lange der Tod zurückliegt. So geht es hier um Gefühle tiefer Traurigkeit, Verzweiflung, Verwirrung, Ärger, Angst, Schuld, Erleichterung, Einsamkeit und die Einschränkungen, die Trauer verursacht.

Es geht aber auch um neue Aufgaben und Anforderungen, die manchmal eine Überforderung darstellen können. Frühere Strategien, die halfen, schwierige Zeiten zu durchleben, greifen plötzlich nicht mehr. Ein Gefühl der Ohnmacht und der Hilflosigkeit macht sich breit.

Obwohl es sich bei Tod und Trauer um eine universelle Erfahrung der Menschheit handelt und all unsere Ahnen sie auch erlebt haben, fühlen sich viele Trauernde alleingelassen. Nicht zuletzt auch deshalb, weil die Auseinandersetzung mit Trauer für den Einzelnen hochindividuell und für sein soziales Umfeld oft schwierig ist.

Von Angehörigen, Freunden, Bekannten und Kollegen der Trauernden hören wir deren Sorge um sie. Ihre Gedanken und Sorgen kreisen um die Gesundheit der Trauernden, um die Tatsache, dass sie nicht mehr »die Alten« sind oder dass sie sich aus dem Leben zurückgezogen haben, obwohl »das alles jetzt doch schon so lange her ist«. Auch sie fragen sich, was zu tun ist.

Adressaten – die »Helfer«

An wen genau richten wir nun diesen Ratgeber? Als Antwort ein kleiner Exkurs in die Statistik: Laut Statistischem Bundesamt (2015) starben im Jahr 2014 in Deutschland circa 868 000 Menschen. Wissenschaftler schätzen, dass auf jeden Todesfall vier Hinterbliebene, also Trauernde, kommen und etwa 4 Prozent der Trauernden einen komplizierten Trauerverlauf erleben (Kersting, Brähler, Glaesmer und Wagner, 2011). »Hinterbliebene« nennen wir manchmal die »direkt« Trauernden. Die meisten dieser Trauernden sind wiederum eingebettet in ein soziales Umfeld: Familie, Freunde, Bekannte, Kollegen, Nachbarn – alle Menschen, die sich auf irgendeine Weise um die Trauernden kümmern und so zu ihren Helfern werden. Sie gehören damit zum Kreis der Trauernden; gleichzeitig werden sie als Miterlebende der anderen Trauernden zu »indirekt« Trauernden. So haben sie dann eine – oft konfliktträchtige – Doppelrolle: Hinterbliebene und Helfer zugleich.

Zum Kreis der Helfer gehören aber auch Professionelle aus dem medizinischen, psychotherapeutischen und pflegerischen Umfeld,

Seelsorger, Mitglieder von Kriseninterventionsteams, Bestattungsunternehmer oder freiwillige Helfer von Hospizvereinen, Selbsthilfegruppen, Nachbarschaftsgruppen oder Trauercafés.

So haben wir es dann mit einer beträchtlichen und vielfältigen Gruppe zu tun, mit privaten und professionellen Helfern. An Sie alle ist dieses Buch gerichtet. Deshalb haben wir uns bemüht, relevante wissenschaftliche Fakten allgemeinverständlich zu präsentieren. So können sowohl Hinterbliebene als auch deren unterschiedliche Helfer von diesem Buch profitieren.

Unsere Arbeit mit Trauernden

Lange Zeit haben wir uns mit Tod und Trauer auseinandergesetzt – privat und von Berufs wegen. Spätestens seit Beginn einer Forschungsstudie unter der Leitung von Professorin Rita Rosner an der Ludwig-Maximilians-Universität in München im Jahr 2005 hat uns das Thema »fest im Griff«. In diesem Kontext wurde an der Psychotherapeutischen Hochschulambulanz Trauernden nach einem Todesfall in besonderen Fällen therapeutische Hilfe angeboten und ein Ansatz entwickelt, der die bewährten Elemente der Kognitiven Verhaltenstherapie mit Elementen aus der Lösungsorientierten und Systemischen Therapie sowie der Gestalttherapie verknüpft (siehe den Abschnitt »Kognitive Verhaltenstherapie« in Kapitel 8).

Aus unserer Erfahrung mit Patienten heraus, die Angehörige unter besonders traumatischen Umständen verloren haben, stellen wir hier nun einen weiteren, noch wesentlich stärker mit den Konzepten der Humanistischen Psychotherapie verknüpften Ansatz vor (siehe den Abschnitt »Integrative Trauertherapie« in Kapitel 8). So begegnen wir in unserer Arbeit mit trauernden Klienten dem Tod täglich auf unterschiedliche Weise. Wir können die Verzweiflung unserer Patienten sehen, ihren tiefen Schmerz erkennen, ihre Ratlosigkeit beobachten und ihre Sehnsucht und Einsamkeit fühlen. Dies bleiben aber deren Gefühle und werden nicht die unseren. Häufig ist unser Rahmen der einzige, in dem sie dies alles jemandem anvertrauen können. Sie sagen, ihre Umwelt sei im Leben schon »weiter voraus« und sie seien mit ihrer Trauer allein und »steckengeblieben«.

Es ist uns immer ein Privileg, unsere Patienten und Patientinnen in unserer Arbeit kennenzulernen. Es zeugt von großem Mut, den Schritt zu machen und sich in eine Psychotherapie zu begeben; davor haben wir großen Respekt. Das damit verbundene Vertrauen, das uns entgegengebracht wird, würdigen wir.

Trauer und Psychotherapie

Aber braucht Trauer wirklich psychotherapeutische Behandlung? Trauerforscher haben mehrfach bestätigt, dass psychotherapeutische Interventionen nach einem Todesfall nur dann hilfreich sind, wenn es sich um eine besondere Form von Trauer handelt, die sogenannte Komplizierte Trauer. Deshalb ist eine spezifische psychotherapeutische Behandlung nur dann ratsam, wenn diese Form der Trauer sich bereits manifestiert hat. Das heißt, es macht keinen Sinn, in jedem Fall eines Verlustes einè unspezifische Trauertherapie durchzuführen, sozusagen als Präventivmaßnahme, um einen komplizierten Trauerverlauf zu verhindern. Schließlich schlucken wir im Winter ja auch nicht einfach Hustensaft in der Erwartung, dass es Erkältungszeit ist und wir bald einen Husten bekommen könnten.

Im Fall der Psychotherapie für Trauer ist es sogar so, dass ein zu frühes Eingreifen den natürlichen Trauerprozess stören und den Zustand der Trauernden dabei verschlechtern könnte. Das heißt aber nicht, dass Trauernde dabei alleingelassen werden müssen. Gerade hier wird deutlich, wie wertvoll es ist, unterschiedliche, auch nicht therapeutische Hilfsangebote zu haben.

So etwa können Freunde und Verwandte dafür sorgen, dass die grundlegenden Bedürfnisse der Trauernden erfüllt sind. Sie können Hilfe im Alltag leisten, zum Beispiel beim Einkaufen oder Kochen oder bei Behördengängen. Die Abende und das Wochenende sind für Trauernde oft schwer zu ertragen, besonders, wenn sie den Partner beziehungsweise die Partnerin verloren haben. Hier kann den Trauernden die schiere Anwesenheit eines Menschen helfen. Als wenig hilfreich dagegen haben sich permanente Aufforderungen oder Vorschläge erwiesen. Eng getaktete Aktivitätspläne fürs Wochenende sind nicht nötig. Es muss auch kein Programm abgespult werden, jedoch sollten Helfer darauf achten, wenn Trauernde Wünsche äußern. Vielleicht äußert sich der oder die Trauernde ja in der Weise, dass es schön wäre, einen Spaziergang zu machen.

Andererseits wenden sich auch immer wieder Menschen an Psychotherapeuten, die erst kürzlich einen Verlust erlitten haben und einen ›normalen‹ Trauerprozess durchlaufen. Oftmals fehlt ihnen die soziale Unterstützung oder sie sind mit der Aufforderung konfrontiert, »nach vorn zu schauen« oder »zufrieden« zu sein, weil es dem Verstorbenen nun »besser gehe«. Das Unverständnis für ihren Zustand treibt sie in die Einsamkeit. Natürlich ist es legitim, auch in einem solchen Fall psychotherapeutische Hilfe in Anspruch zu nehmen. Der Therapeut kann dann feststellen, ob es sich bei der Trauerreaktion möglicherweise um ein Auffscheinen eines anderen Beschwerdebildes handelt.

Geht es tatsächlich ›nur‹ um ein normales Trauererleben, so reichen vielleicht ein paar Termine aus, in denen psychoedukativ gearbeitet wird. Der Trauernde lernt darin, seine Trauerreaktion als normal anzunehmen, was oft Erleichterung bringt. Da es sich bei der sogenannten normalen Trauer aber nicht um ein pathologisches Phänomen handelt, bedarf es auch keines störungsspezifischen Eingriffs.

Es kann auch vorkommen, dass sich in der Trauerreaktion eine allgemeinere Problematik im Gestalten von Beziehungen zeigt. Der Trauernde zieht sich komplett zurück, schottet sich von anderen ab oder hat das Gefühl, gar nicht mehr verstanden zu werden und allein dazustehen. Der Trauernde hinterfragt seine Existenz, zweifelt an einer höheren Macht, falls er vorher gläubig war, oder erlebt, dass sich plötzlich alle Spielregeln des Lebens geändert haben. Der daraus entstehende Selbstwertverlust kann auch den Wunsch nach einer Psychotherapie entstehen lassen. Trauer wird ›kompliziert‹, nicht nur weil das Gewicht des Verlustes so groß ist – das mag auch eine Rolle spielen –, sondern weil die Einstellung auf das Leben ›danach‹ nicht gelingt und dabei die Änderungen der zu gestaltenden Beziehungen die Betroffenen überfordern.

Noch einmal müssen wir klarstellen, dass professionelle Psychotherapie in professionelle Hände gehört. Aber Psychotherapeuten repräsentieren nur eine Gruppe von Helfern. Außer dem therapeutischen Angebot – oder zusammen mit diesem – gibt es eine Vielzahl von Angeboten, die Trauernden helfen. Viele andere Helfer und deren Hilfsangebote, die wie bereits beschrieben ganz unterschiedlicher Natur sein können, sind gleichermaßen wichtig.

Integratives Denken fördert Kooperation

In der wissenschaftlichen und fachlichen Auseinandersetzung mit dem Thema Trauer kollidieren immer wieder unterschiedliche Theorien, Meinungen oder Disziplinen. Wir bevorzugen hier eine integrative und komplementäre Perspektive, in der bestimmte Ansätze gleichzeitig angewendet werden, die sich in der Praxis bewährt haben. Damit setzen wir auf Toleranz gegenüber und Kooperation mit anderen Hilfsmaßnahmen im Gegensatz zu Konkurrenzdenken oder Besserwisserei. Deshalb verzichten wir auf die Beurteilung der verschiedenen Hilfsangebote, die Trauernden zur Verfügung stehen, und betrachten sie nicht als ›alternativ‹, sondern als ›komplementär‹, also ergänzend. Zum Beispiel kann es sinnvoll sein, zusätzlich zu einer Therapie auch einen Meditationskurs zu besuchen oder sich Massagen für das körperliche Wohlergehen zu gönnen. Auch schließt eine Psychotherapie nicht aus, dass zusätzlich noch religiöse seelsorgerische Angebote in Anspruch genommen werden, wenn Menschen gläubig sind.

Formalitäten

Fallbeispiele

Wir haben unsere Überlegungen durchgängig immer wieder mit Beispielen unterlegt. Diese beziehen sich auf unseren westlichen Kulturkreis. Die Beispiele sind von uns so verändert, dass sie nicht auf eine spezifische Person zutreffen. Mit doppelten Anführungszeichen gekennzeichnete Formulierungen sind Ausdrücke, die von

Trauernden immer wieder wörtlich so verwendet worden sind. Wir betonen aber, dass die erwähnten Beispiele stets nur Einzelfallszenarien darstellen. Sie, als Leserin oder Leser, mögen sich deshalb nicht mit allen Details identifizieren können. Das heißt aber nicht, dass bei Ihnen etwas »falschläuft«, sondern deutet lediglich auf die Individualität der Trauer hin.

Geschlechterbezug

Beim Schreiben haben wir auf umständliche oder den Lesefluss beeinträchtigende Geschlechteranreden verzichtet. Da die Trauer vor keinem Geschlecht Halt macht und auch wir beiden Autoren unterschiedlichen Geschlechts sind, wechseln wir durchgängig, wenn auch unregelmäßig mit der Geschlechterform ab.

Sprache

Die deutsche Sprache bietet uns wenig Differenzierung bezüglich unserer Verlusterfahrungen, im Gegensatz beispielsweise zur englischen Sprache. Wenn wir im Deutschen einfach von Verlusten sprechen, könnte es sich um alle möglichen Verlustsituationen handeln, nicht nur um Verlust durch Tod. Die englische Sprache bietet den Begriff ›bereavement‹ an. Dabei wird schon deutlich, dass ein solch spezieller Begriff auch eine besondere Reaktion auf einen ganz bestimmten Verlust markiert, nämlich den Verlust eines Menschen durch Tod.

Ebenso wird der Begriff ›Trauer‹ im angelsächsischen Sprachraum differenzierter ausgedrückt, als wir es im deutschsprachigen Raum kennen. So gibt es den Begriff ›grief‹, der die individuelle, interne, emotionale Reaktion beschreibt. Die Beschreibung des öffentlichen, nach außen gerichteten oder ritualisierten Ausdrucks von Trauer hingegen wird mit ›mourning‹ bezeichnet. So wird deutlich, dass es sich bei der Trauerreaktion um ein vielschichtiges Phänomen handelt, bei dem wir es einerseits mit inneren, individuellen, andererseits aber mit äußeren, ritualisierten Prozessen zu tun haben. Letztere sind in der Regel durch Kultur und Religion bestimmt. Dabei geben diese kulturellen Ordnungen eine anleitende und sinnstiftende Orientierungshilfe. Ein Festhalten daran bietet uns eine Struktur, eine Rezeptur, an der wir uns entlangtasten, orientieren können, wenn wir den eigenen Halt verloren haben. Ein Ausbruch aus diesen Normen oder deren Ignorieren würde aber mit großer Kraftanstrengung verbunden sein.

Vielleicht fällt Ihnen beim Lesen dieses Buches auf, dass wir den Ausdruck des ›lieben‹ Menschen, der verstorben ist, vermeiden. Das heißt natürlich nicht, dass es sich für die meisten Trauernden nicht tatsächlich um einen von ihnen geliebten Menschen handelt, der gestorben ist. Wir möchten aber darauf hinweisen, dass es gelegentlich auch – oder gerade – die Menschen sein können, die wir (vermeintlich) nicht geliebt haben, um die wir nun trotzdem trauern. Auch ihr Verlust kann durchaus einschneidend für uns sein. Deshalb bevorzugen wir den Ausdruck des »nahestehenden« oder »wichtigen« Menschen.

Insgesamt werden Sie vermutlich feststellen, dass Sprache und Ausdruck manchmal sachlich, ein anderes Mal vielleicht provozierend oder fast ungebührlich erscheinen. Dieser unterschiedliche Duktus ist gewollt: Er möchte Neugier und Gedanken wecken, manchmal vielleicht auch aufrütteln und ermuntern auf diesem schwierigen Weg. Wir möchten Sie auf diesem Weg begleiten und wünschen Ihnen dabei viel Neugierde.

Dieses Buch ist nicht als Vorlage von sogenannten Dos und Don'ts zu verstehen. Denn jedes Leben, jedes Schicksal ist absolut einmalig, während seiner Existenz und wenn diese zu Ende gegangen ist, es ist unwiederbringlich, für immer. Was weiterlebt, ist die versuchte Reaktivierung gemeinsamen Erlebens in der Erinnerung – im Bewusstsein der Überlebenden. Der Verlust innerhalb des Bewusstseins der Trauernden steht bei der Trauer und damit auch bei der Begleitung der Trauernden im Vordergrund. Die Trauer ist immer ein intrapsychischer Prozess, der aber auch nach außen im Verhalten der Trauernden sichtbar wird. Trauer ist somit ein Lebensprozess, für dessen Gestaltung jeder Trauernde allein verantwortlich ist.

Es geht also immer um die Psyche des Trauernden, um einen lebendigen Vorgang im Hier und Jetzt und in diesem Sinne nicht um die verstorbene Person. Gleichzeitig aber birgt das Verhalten Trauernder eine Botschaft für ihre Umwelt. Der intrapsychische

Charakter des Trauerprozesses schafft auch eine gewisse Freiheit und damit Eigenverantwortung, ihn zu gestalten. Das gilt für den Umgang des Trauernden mit sich selbst, aber auch mit anderen.

Diesen Aspekt – Freiheit und Eigenverantwortung im Trauern – würden wir, neben der Bedeutung der Selbstakzeptanz, gerne in den Vordergrund unserer Betrachtungen stellen. Selbstakzeptanz ist in der Trauer deshalb so wichtig, weil viele Trauernde dazu tendieren, sich mit Selbstvorwürfen zu belasten. Zum Beispiel mit dem Vorwurf, dem Verstorbenen gegenüber etwas versäumt zu haben. Da es ein Tabu ist, Aggressionen an den Verstorbenen zu richten, wenden viele Trauernde die aufgestaute Aggression gegen sich selbst. Hier ist wichtig, dass Trauernde dazu angeleitet werden, sich selbst und ihre Gefühle so zu akzeptieren, wie sie sind.

Beim Lesen dieses Buches mögen Sie gelegentlich vielleicht feststellen, dass wir, die beiden Autoren, das Thema jeweils selbstbestimmt aus verschiedenen Richtungen beleuchten, weil wir auch unterschiedliche Sichtweisen haben und somit nicht immer gleicher Meinung sind. Wir halten das nicht für notwendig, aber sehen dies als eine Möglichkeit, die Komplexität dieses Themas zu illustrieren.

Wir wünschen uns, dass Sie, liebe Leserin und lieber Leser, in Ihrer Rolle als Trauerbegleiterin oder Trauerbegleiter die in diesem Buch angebotenen Informationen für sich aufnehmen, reflektieren und sich auch selbst und eigenverantwortlich entscheiden, welche Inhalte davon Sie gegebenenfalls umsetzen. Wir möchten mit unserer Information ein Angebot machen, das Ihnen hilft, Ihren eigenen Weg zu beschreiten, wenn Sie als Helfer gerufen werden. Unsere Vision ist es, dass dieses Buch nicht nur eine Informationsquelle, sondern auch ein Advokat für alle Trauernden und deren Helfer sein kann, mit Trauer auf ihre ganz eigene Weise umzugehen. Dabei ist alles offen. So kann es durchaus passieren, dass Sie sich beim Lesen dieses Buches auf unbekanntes Terrain begeben.

1. Sterben, Tod und Trauer – früher und heute

Sterben, Tod und Trauer gehören zur Geschichte der Menschheit. Religionen entstanden ja unter anderem auch aus dem Grund, die Angst vor dem eigenen Tod und die Trauer um die Verstorbenen erträglicher zu machen. Tatsächlich war der Umgang mit Tod und Trauer für die längste Zeit primär in der Domäne der Religionen angesiedelt. Die Erklärung dafür, warum ein Mensch stirbt und was mit ihm post mortem geschieht, findet sich zum Beispiel im christlichen Glauben in der Annahme, dass es sich dabei um Gottes Willen handele und dass der Mensch zu ihm (zurück)kehre; religionsimmanent ergibt dies einen Sinn und soll gleichzeitig trostspendend sein. Andere Religionen folgen ähnlichen Denkprinzipien, auch wenn sich diese – gemäß dem jeweiligen Religionsverständnis – anders darstellen. So ist zum Beispiel im Buddhismus nicht das weitere Leben oder das Weiterleben erstrebenswert, sondern das ultimative Ende, das Nirwana.

Die Orientierung zur Religion hin hat sich aber in der Neuzeit zumindest in Mitteleuropa deutlich geändert. Logisches Denken und kritisches Hinterfragen haben im westlichen Kulturkreis die uneingeschränkt übernommenen Lehren der Religionen zurückgedrängt. Andere Wissenschaften, voran die Psychologie, Sozialwissenschaften und Medizin, haben sich ebenso des Themas Tod und Trauer angenommen. Sterben und Tod haben sozusagen einen Sinneswandel erfahren. Das Konstrukt Trauer ist dadurch deutlich komplexer und facettenreicher geworden.

Durch viele Jahrhunderte hinweg bezeugen Literatur, Architektur, Kunst und Musik das Leid vieler Menschen, verursacht durch ihre Trauer. Man bedenke die Verzweiflung des Hiob aus dem Alten Testament, der in seinem Trauerschmerz den Tag seiner Geburt verflucht, und das Märchen der Gebrüder Grimm von Aschenputtel, dem Mädchen, das jeden Tag zum Grab der Mutter geht und weint.

Oder man erinnere sich nur an das prächtige Taj Mahal, das ein indischer Mogul als Grabstätte für seine Frau errichten ließ. Zu ihren Ehren und als Ausdruck seiner Liebe und Verehrung zu ihr, wie es heißt. Es wird aber auch gemunkelt, dass er eine weitere Grabstätte für sich selbst plante, die dem Taj Mahal ähneln sollte, als Ausdruck seiner Verbundenheit zu ihr – auch über den Tod hinaus. Und in seinem Song ›Tears in Heaven‹ betrauert Eric Clapton den Unfalltod seines vierjährigen Sohnes im Jahr 1991 und stellt sich die Frage, wie eine mögliche Begegnung im Himmel wohl aussehen möge.

Wenn es früher hauptsächlich die Religionen waren, die bei Trauer Antwort und Trost geben sollten, haben wir heute große Freiheiten, was unsere Erklärungshilfen und unsere Trauer betrifft und wo wir Rat und Hilfe suchen. Rituale wie das Trauerjahr mit all seinen Umgangsregeln boten einst einen Leitfaden dafür, was zu tun und was zu lassen ist: kein Tanz, keine lauten Feste, dafür schwarze oder gedeckte Kleiderfarben – um nur einige Beispiele zu nennen. Heute stellt sich oft eine Unsicherheit ein, wie man im ersten Jahr »über die Runden kommt« – trotz oder gerade wegen dieser Freiheit, die wir genießen. Bezahlt haben wir unsere Freiheit nämlich mit dem Aufgeben oder zumindest Aufweichen dieser Regeln und Rituale, die eine Struktur in schwierigen Zeiten schafften und uns oft als Stütze dienten.

Ausdruck unserer Trauer findet sich auch in unseren Begräbnisritualen und Begräbnisstätten, welche über die Jahrhunderte hinweg und in verschiedenen Kulturen unterschiedliche Formen annahmen. In unserer westlichen Kultur kennzeichnete fast immer das Begräbnis den Anfang der Trauerarbeit. Begräbnisstätten waren Orte der Verbindung zwischen Lebenden und Toten. Waren Friedhöfe einmal Stätten der Ruhe und Besinnung, wo selbst die Adeligen nicht zu Pferde einreiten durften, sondern von ihrem ›hohen Ross‹ steigen mussten, so herrschte ein andermal reges Treiben und Unterhaltung dort. Die Tradition von Massengräbern wechselte zu Einzel- oder Familiengräbern, in neuerer Zeit aber wieder zu modernen Formen des Massengrabes als anonyme Bestattungen auf großen Feldern, in Friedwäldern oder bei Seebestattungen zum Beispiel. Außerhalb unserer deutschen Gesetzlichkeit bezeugt das Verstreuen der Asche in Ozeane oder auf Bergen die Verbundenheit des Menschen mit einem Größeren.

Schnell wird deutlich, dass die Grabstätte selbst nicht mehr immer eine Verbindung mit den Verstorbenen herstellt oder gar gewährleistet. Gräber im Sinne von Gedenkstätten müssen wir dann woanders finden. Sie können die unterschiedlichsten Formen annehmen: der Sessel am Fenster, der Picknickplatz am See, die Parkbank im Wald, eine spezielle Baumart, die überall stehen kann, ein besonderes Panorama, eine bestimmte Wetterlage oder eine Passage einer Sinfonie; eben immer dann und dort, wo die Nähe zur verstorbenen Person gefunden wird. Im Zeitalter der mobilen Gesellschaft ein wichtiger Punkt, der Flexibilität fordert und bietet. So sind Grabstätten und Gräber oft zweierlei. Grabstätten sind da, wo die Verstorbenen bestattet sind. Gräber sind dort, wo wir den Verstorbenen nahe sind.

Außerdem fordert unsere Gegenwart im Rahmen der sogenannten Integration auch gesetzliche Anpassungen an die Trauerrituale nicht christlicher Religionen, z. B. wenn religiöse Einstellungen eine Erdbestattung ohne Sarg vorsehen.

Auch die Riten in Verbindung mit dem nahenden Tod und dem Umgang mit den soeben Verstorbenen haben sich gewandelt. Wenn früher der Sensenmann seinen Tribut forderte, dann kam er in die Häuser der Menschen, denn gestorben wurde meist daheim. Spiegel wurden verhängt und die Fenster geöffnet, um die Seele entweichen zu lassen. Der Leichnam wurde von Angehörigen und Freunden gewaschen, eingekleidet und aufgebahrt. Das sonst private Haus wurde zu einem öffentlichen. Angehörige, Freunde, Nachbarn, das ganze Dorf kam, um sich zu verabschieden. Totenwache war Ehrensache und sollte verhindern, dass die Toten als Geister zurückkehrten. Alle halfen. Kinder wurden nicht ferngehalten; auch sie nahmen an diesen Abschiedsritualen teil. Jeder wusste, dass der Leichnam mit den Füßen voraus aus dem Haus getragen werden musste, damit sein Geist nicht zurückkehrte. Und alle standen Spalier, wenn dies geschah. Der Tod war ein Teil des Alltags und Sterben geschah im Kreis der Familie. Entsprechend beeinflusste dies die Art zu trauern. Die Unterstützung durch die Gemeinschaft war und ist dabei ein wichtiger Baustein.

Heute finden sich diese Bräuche hierzulande kaum noch, höchstens in ländlichen Gebieten; oder *wieder* in der Zusammenarbeit mit Bestattungsinstituten, die die Hinterbliebenen auf besondere Weise an den entsprechenden Ritualen teilnehmen lassen. In abgewandelter Form gibt es solche Bestattungsriten aber zum Beispiel in den USA, bei den sogenannten »wakes«. Oder wir finden es beim Schiv'a-Sitzen in der jüdischen Tradition.

Wenn die Menschen früher zu Hause starben, so sterben heutzutage die meisten im Krankenhaus oder in anderen Institutionen. Todesursache ist, in den Augen der meisten Angehörigen, nicht mehr in erster Linie Gottes Wille, und es ist auch nicht mehr der Sensenmann, der sein Opfer abholt; Ursache des Todes ist das Versagen oder die Grenzen menschlicher und medizinisch-technischer Fähigkeiten.

Die Totengräber von einst sind heute moderne Bestattungsunternehmen oder Friedhofsangestellte. Oft werden die Toten schnell vom Ort des Sterbens entfernt und in Kühlfächern aufbewahrt, bevor der Leichnam entsorgt wird. Große städtische Friedhöfe hängen lange Listen mit den Namen der Verstorbenen aus, deren geschlossene Särge oder Urnen hinter Schaufenstern ausgestellt sind und deren Standort mit GPS-ähnlichen Angaben gefunden werden kann. Die Trauerfeiern werden im Viertelstundentakt der großen urbanen Friedhöfe abgewickelt und vielfach nur von den nächsten Angehörigen besucht. Bestattungsriten werden von Fremden zelebriert, die weder die Verstorbenen kannten noch deren Angehörige kennen. Die Bestattung reduziert sich auf ein fast artifizielles Ritual, das einer emotionalen Stütze oft gänzlich entbehrt. Kinder werden von den Verstorbenen oder Begräbnissen ferngehalten, um sie mit diesen Dingen nicht zu belasten.

Obwohl diesen modernen Ritualen und Gepflogenheiten keine Pietätlosigkeit unterstellt werden darf, so bezeugen sie doch eine Auslagerung des Themas Tod aus unserem Leben. Unsere Trauer findet dadurch keinen Anker. Die Beziehungen des Alltags sollen möglichst wenig von dem Verlust und seinen emotionalen Folgen »tangiert« werden, ein Ausdruck der Dissoziation des Todes aus dem Leben – und damit der Verarmung des Lebens und der gelebten Beziehungen. Denn die Kontrollierbarkeit unserer Existenz soll offensichtlich nicht in Frage gestellt werden.

Auch unsere innere Erwartungshaltung gegenüber dem Tod hat sich verändert. Fortschritte der modernen Medizin tragen nicht unwesentlich zu unserer stetig steigenden Lebenserwartung bei. So betrachten wir heute Kindersterblichkeit deutlich anders, als es unsere Vorfahren taten. Es erreichten zum Beispiel von Albrecht Dürers siebzehn Geschwistern insgesamt nur zwei das Erwachsenenalter. Und dass die Lebenserwartung von Frauen heute über der von Männern liegt, hat unter anderem mit der Bewältigung des Kindbettfiebers zu tun, dem viele junge Frauen in früherer Zeit zum Opfer fielen. Entsprechend folgern wir heute, dass die Alten vor den Jungen sterben, und betrachten die Statistiken als normal, die uns mitteilen, dass Frauen eine höhere Lebenserwartung haben als Männer.

Insgesamt kann man postulieren, dass unsere große Freiheit im Umgang mit Tod und Trauer uns auch ein Stück Sicherheit gekostet hat, die ursprünglich durch gegebene Strukturen zur Verfügung stand. Durch das Fehlen formaler alter Rezepturen fühlen sich viele Trauernde alleingelassen: in ihrem Alltag und in ihrem Schmerz. Verschiedene Hilfsangebote können jetzt für sie nützlich sein.

Trauermodelle

Das letzte Jahrhundert wies uns mit Wucht auf Verlust und Trauer hin: Neben persönlichen Todesverlusten eines jeden Einzelnen waren es Aufstände und Revolutionen, Kriege, Holocaust, Terrorismus und Naturkatastrophen, gepaart mit der allzeit bereiten medialen Berichterstattung der neueren Zeit. Menschliche Verluste waren allgegenwärtig und nicht zu ignorieren.

Das Thema Trauer trat aus dem Kreis der Religionen heraus und wurde Gegenstand der medizinischen, psychologischen und sozialwissenschaftlichen Forschung. Trauer wurde zunehmend differenziert betrachtet und unterschiedliche Trauerverläufe, z. B. jener der Komplizierten Trauer, wurden beschrieben. In diesem

Zusammenhang wurden verschiedene Modelle entwickelt, um den Trauerprozess besser beschreiben zu können. Die wichtigsten Modelle werden wir nachfolgend darstellen. Sie tragen zum Verständnis der Entwicklung des Konstrukts des komplizierten Trauerverlaufs bei.

Trauerarbeit (Sigmund Freud)

Auch wenn sich natürlich schon andere Autoren vor ihm des Themas Sterben, Tod und Trauer annahmen und obwohl seine Thesen nie mit Hilfe heute üblicher Methoden wissenschaftlich, also empirisch überprüft wurden, wird Sigmund Freud oft als Vater der Trauerforschung genannt.

Freud betonte, dass Trauer an sich kein pathologischer Zustand sei, aber zu einem solchen führen könne. Nach seiner Erfahrung mit den Ereignissen des Ersten Weltkrieges sah er sich gezwungen, seine vorher aufgestellten Theorien zu überarbeiten, und präsentierte in seinem Aufsatz ›Trauer und Melancholie‹ (1917) sein Konzept der Trauer und der Trauerarbeit. Dabei postulierte er, dass Trauer sich von Depression (Melancholie) unterscheide und das Ziel der Trauerarbeit die emotionale Loslösung von der verstorbenen Person sei, um eine neue Beziehung mit einem anderen Menschen eingehen zu können. Ebenso ging er davon aus, dass eine nicht bearbeitete Trauer oder eine ambivalente Beziehung zu der verstorbenen Person krankhafte Auswirkungen haben könne.

Obwohl Freud Bedeutendes für die Trauerforschung geleistet hat, ist man sich heute darüber einig, dass diese emotionale Loslösung von dem Verstorbenen nicht nur keine Notwendigkeit, sondern überhaupt nicht möglich ist. Die innere Repräsentation von Personen beziehungsweise die Beziehungen zu ihnen bleiben bei den Hinterbliebenen auch nach dem Tod der nahestehenden Menschen bestehen. Die Frage ist, wie sich diese internalisierten Beziehungen durch den Tod der einen Person verändern und wie sich diese Veränderungen während des Trauerprozesses weiter gestalten.

Stufenmodell (Elisabeth Kübler-Ross)

Trauerarbeit wird heute noch häufig mit dem viel später entwickelten Trauermodell von Elisabeth Kübler-Ross in Verbindung gebracht. Ihr sogenanntes Stufenmodell, das sie in ihrem Buch »Interviews mit Sterbenden« 1971 vorstellte, ist wohl eines der bekanntesten und heute noch viel verwendeten Konzepte.

Sie postulierte ursprünglich, dass die Sterbenden selbst chronologisch einen fünfstufigen Prozess durchliefen und jede dieser fünf Stufen von gut beschreibbarem und voneinander abgrenzbarem Verhalten und den dazu auftretenden Gefühlen geprägt sei. Dieses Fünf-Stufen-Modell wurde in der Folge auch auf Trauernde übertragen, von dem Gedanken geleitet, dass diese den Sterbeprozess indirekt auch mit- und nachvollziehen. Das heißt, auch der Trauernde durchläuft demnach diese Stufen oder Phasen von der Verleugnung bis hin zur Akzeptanz. Grundsätzlich unterscheiden sich Stufen- und Phasenmodelle nur dadurch voneinander, dass die jeweiligen Übergänge fließender sind.

Stufenmodell von Kübler-Ross zur Beschreibung der Bewältigung des drohenden Todes durch die Sterbenden selbst:

1. *Verleugnung und Isolation:* In dieser Stufe lehnen Betroffene die Information über den bevorstehenden Tod ab. Selbst Vermeidungsmechanismen wie die Annahme einer Mis- oder Fehldiagnose oder das Verwechseln von diagnostischem Material wurden immer wieder beobachtet. Das Verleugnen der Erkenntnis wird als hilfreich betrachtet, da zu diesem Zeitpunkt eine konstante direkte Auseinandersetzung mit dem Tod schier unmöglich zu ertragen ist. Insgesamt also erholt sich der Betroffene langsam von seinem Schock dadurch, dass er wegschauen und sich anderen Themen widmen kann.
2. *Ärger:* Wenn aber Wegschauen nicht mehr hilft, setzt eine Reaktion voll von Ärger, Wut und Neid ein. Die Frage »Warum gerade ich?« bzw. »Warum gerade sie?« bringt die empfundene Unfairness auf den Punkt. »Warum muss gerade meine Mutter so früh sterben, wo sie doch immer so liebevoll für andere gesorgt hat?« Verhalten wie häufige Maßregelungen oder Nörgeln als Folge von Ärger sind für die Mitmenschen oft schwer auszuhalten.
3. *Verhandeln und Plädieren:* Diese Stufe birgt die Erkenntnis, dass bisherige Manöver nicht gefruchtet haben. Weder Verleugnen

noch aggressives Verhalten waren zielführend. Alternativ dazu werden nun Friedensangebote gemacht, in der Hoffnung, dass diese auf der »anderen Seite« auch zu einer Art Waffenstillstand führen mögen. Die Hoffnung, dass vorbildliches Verhalten zu einer Belohnung, nämlich zur Beseitigung der ungeliebten Gegebenheit führen könnte, wird in Taten umgesetzt. »Wenn-dann«-Vorschläge für einen Aufschub werden eingebracht.

4. *Depression:* Wenn das Fortschreiten der Situation die Einschränkungen immer spürbarer werden lässt, die Trennung und der ultimative Verlust immer deutlicher werden, setzt Depression ein. Da nun die Endgültigkeit im Mittelpunkt steht, sind gut gemeinte Hoffnungsäußerungen Außenstehender eher ein Zeichen ihrer Hilflosigkeit, da solche Äußerungen zukunftsorientiert sind und die Wahrheit negieren. Das Zulassen der Trauer und der Stille sind zentrale Aufgaben dieser Stufe. Für nahestehende Menschen eines Sterbenden wird dies oft als Zurückweisung interpretiert, insbesondere dann, wenn bis dahin Dinge ungesagt blieben.
5. *Akzeptanz:* Wenn alle zuvor genannten Maßnahmen ihren Einsatz gefunden haben und die Unverrückbarkeit der Tatsache des nahen Endes feststeht, beginnt ein stiller Rückzug. Die Auseinandersetzung mit der gegebenen Situation mündet in eine Akzeptanz, die weder als Resignation noch als Freude bezeichnet werden kann. Intimität mit sich selbst verbunden mit dem Fokus auf das, was bevorsteht, kennzeichnen diese Stufe. Hier präsentiert sich das Sterben einerseits als ein individueller und solitärer Prozess. Andererseits berichten viele Hinterbliebene, dass sie diese Zeit als Zeit größter Vertrautheit und Nähe mit dem Verstorbenen erlebten.

Stufen- und Phasenmodelle stehen aber auch in der Kritik. Sie werden zum einen in wissenschaftlichen Kreisen kontrovers diskutiert, weil sie sich in ›Reinform‹ kaum bei Trauernden nachweisen ließen. Zum anderen verlangen diese Modelle für ein ›erfolgreiches Trauern‹ das rigide Durchlaufen aller Stufen oder Phasen und zumindest theoretisch das Einhalten ihrer Reihenfolge.

Die Kritik daran ist, dass die individuellen Bedürfnisse der Trauernden nicht adäquat berücksichtigt werden. Es besteht das Risiko, dass Trauernde, die die Stufen nicht ›korrekt‹ durchlaufen haben, sich als »Versager« sehen könnten, in dem Sinne, dass sie »falsch« trauern. Wiederkehrende Sehnsüchte nach dem Verstorbenen könnten dann als Rückfall oder als fehlerhaftes Durchlaufen der einzelnen Schritte interpretiert werden. Dennoch halten sich diese Modelle wacker und sind auf ihre Art wichtig für das Verständnis der komplizierten Trauer.

Phasenmodelle (Bowlby und Parkes mit Kollegen)

Die Psychiater Bowlby und Parkes (1970) entwickelten ein Vier-Phasen-Modell für die Trauer der Hinterbliebenen. Als Bindungsforscher betrachtete Bowlby (1980) die Trauer nach dem Verlust eines Menschen, zu dem man eine nahe Bindung hat, als einen natürlichen Prozess, der an sich nichts Krankhaftes hat. Doch auch hier wird vom chronologischen Durchlaufen dieser Phasen ausgegangen, die sich gar nicht oder nur sehr wenig überlappen. Im Gegensatz zu den Stufenmodellen sollen Phasenmodelle aber die Übergänge von einem zum anderen Bereich fließender werden lassen. Während eine frühere Phase noch dominiert, wird die nächste bereits für kurze Momente aufgesucht, um dann wieder zurückfallend auf die vorhergehende verlassen zu werden. Bis schließlich die neue Phase bestimmend für das Erleben und Verhalten der Trauernden wird und die ›Rückfälle‹ an Häufigkeit und Intensität abnehmen.

Dabei kennzeichnet Parkes (1972) vier Phasen der Trauer: 1. Betäubung, 2. Verlangen nach der verstorbenen Person und Verleugnung der Endgültigkeit des Verlustes, 3. Chaos und Verzweiflung und schließlich 4. Neuordnung des eigenen Verhaltens und des Lebens im Allgemeinen. Insbesondere Bowlby betont zusätzlich auch die Wichtigkeit der Bindung und sieht in der Trauer eine spezielle Form des Trennungsschmerzes.

Es wäre vielleicht sinnvoller, diese Phasen als heuristischen Rahmen für den Umgang mit ganz bestimmten emotionalen Belastungen wertzuschätzen, sich ihrer gleichsam zu bedienen, ohne damit eine Normierung über den »richtigen« Ablauf der Trauerphasen vorzugeben. Dieser Sichtweise kommt das als Nächstes beschriebene Modell näher. Hierbei werden Aufgaben, die in der Trauer zu lösen sind, formuliert.

Aufgabenmodell (J. W. Worden)

Der US-amerikanische Wissenschaftler J. W. Worden begegnete der Kritik an den Stufen- und Phasenmodellen, indem er ein sogenanntes Aufgabenmodell entwickelte (1982; deutsch: 2007). Darin spricht er nicht von Stufen oder Phasen, sondern von Aufgaben, die zu meistern sind, um eine »effektive« Trauerarbeit zu leisten. Im Gegensatz zu den Phasenmodellen besteht er aber weder darauf, dass die Aufgaben vollständig bearbeitet wurden, noch hält er eine chronologische Abfolge der Aufgaben für notwendig. Dafür betont er, dass Aufgaben den aktiven Einsatz der Trauernden fordern, während das Durchlaufen von Stufen oder Phasen mehr auf ein passives Geschehen hindeutet.

Insgesamt erscheint dieses Modell flexibler und hoffnungsvoller, da es an die Ressourcen der Trauernden appelliert und den Zeitdruck für »Erfolg« reduziert.

Das Aufgabenmodell nach Worden:

1. *Akzeptieren des Verlustes:* Die anfängliche Ungläubigkeit, dass keine Begegnung auf dieser Welt mehr möglich ist, schwindet. Aber auch Worden spricht von der Verleugnung des Todes. Wir haben von unseren Patienten diese Ungläubigkeit immer wieder vernommen. Sie reichte von »Er wollte schon immer nach Australien; dorthin geht man halt nicht nur für ein paar Wochen. Er wird schon wiederkommen«, bis hin zur selbst erkannten Täuschung: »Ich kann es nicht fassen«, »Das kann doch nicht wahr sein«, »Nein, nein, nein!«, oder: »Vielleicht wache ich morgen auf und sehe, dass es nicht stimmt.«

   Andere Formen der Realitätsvermeidung drücken sich darin aus, dass das Leben so weitergelebt wird, als wäre nichts geschehen, und alles belassen wird wie vor dem Tod der Person. Auch gilt eine Verharmlosung der Beziehung nach dem Motto »eigentlich waren wir ja gar nicht so nah verwandt miteinander« als partielle Verleugnung der Verlustsituation.

Als *diametralen Gegensatz zur Verleugnung* beschreibt der österreichische Schriftsteller Klaus Hoffer in seinem Roman »Bei den Bieresch« eine (fiktive) burgenländische ethnische Enklave, in der der nächste Angehörige nach dem Tode für ein Jahr lang in den Kleidern des Verstorbenen leben muss und dessen Tätigkeiten weiter fortführt. Auf diese Weise werden die gelebten Beziehungen noch einmal reaktiviert und das Leben des Verstorbenen nicht nur durch den Rollenträger, sondern auch durch alle am Leben des Verstorbenen beteiligt gewesenen Personen »tätig« gewürdigt und Unerledigtes erledigt.

2. *Durcharbeiten des Schmerzes:* Hiermit kann sowohl körperlicher als auch emotionaler Schmerz gemeint sein. Auch wir sind Menschen begegnet, die von Arzt zu Arzt gelaufen waren und keine Ursache für ihre körperlichen Schmerzen gefunden hatten und dann erst im Laufe unserer Therapie schmerzfrei wurden. Oft können körperliche Schmerzen besser akzeptiert werden als emotionale Schmerzen. Wir wissen nicht mehr, wie oft Trauernde uns sagten: »Ich muss verrückt sein, ich habe Schmerzen und mir fehlt nichts.« Doch, es fehlt ihnen etwas, nämlich der verstorbene Mensch.

Klinisch bedeutsame Angststörungen im Zusammenhang mit Komplizierter Trauer treten sehr häufig etwa sechs bis neun Monate nach dem Verlust einer wichtigen Person und dem häufig damit verbundenen Wegbrechen einer sicheren Existenzgrundlage auf. Funk und Hufnagel (1995) gehen davon aus, dass es alte, unbewältigte Ängste sind, die durch das Erleben einer neuen Schwellensituation reaktiviert und erweitert werden. Ursache der früheren Erfahrung kann neben einem Todesfall aber auch eine Scheidung, eine schwere Erkrankung oder Behinderung eines Angehörigen mit einschneidenden Lebensveränderungen oder der Verlust des Arbeitsplatzes, der Heimat, des Freundeskreises sein.

Die zeitliche Verzögerung des Ausbruchs der Angstattacken kann auch über die Änderung des sozialen Netzwerkes erklärt werden, die erst allmählich die Selbstsicherheit schwächt, indem die bisher erlebte soziale Unterstützung wegbricht, die in der akuten Trauerphase durch Angehörige und Freunde noch gewährleistet wurde. Nach dem Versiegen dieser Quelle von sozialer Unterstützung wird die trauernde Person zunehmend mit einer neuen Leere konfrontiert, die nachhaltig Angst auslösen kann.

Im Fall von Verlust durch Tod, um den es im diesem Buch hauptsächlich geht, werden oft Vermeidungsstrategien eingesetzt, um der Angst und den Schmerzen zu entkommen: Der Name der verstorbenen Person wird aus dem Vokabular verbannt, Besuche auf dem Friedhof finden nicht statt, ein Umzug in eine andere Stadt soll Erinnerungen verhindern.

3. *Anpassen an das Leben ohne den Verstorbenen:* Hier geht es sowohl um äußere Anpassung wie Alltagsaktivitäten, die nun ohne die verstorbene Person stattfinden sollen, aber auch, vielleicht sogar in erster Linie, um die innere Anpassung. Wie wird zum Beispiel das Leben ohne die emotionale Unterstützung der Verstorbenen gestaltet? Oder wie soll das Verhältnis zum bisher voll des Vertrauens verehrten Göttlichen aussehen, jetzt, nachdem das Göttliche solch furchtbaren Tod zuließ oder ihn, je nach der Struktur des Glaubens, sogar verursachte?

   Im Zusammenhang mit Alltagsaktivitäten dürfen scheinbar einfache Tätigkeiten nicht unterschlagen werden. In einer Witwengruppe zum Beispiel übten wir das Betanken eines Fahrzeuges. Vor ihrem Tod hatten stets die Ehemänner dafür gesorgt, dass der Tank gefüllt war, und vor den Ehemännern gab es Tankwarte. Um ihre Selbstständigkeit zu wahren, mussten die Frauen nun lernen, wie man ein Auto betankt. Als Randbemerkung sei hinzugefügt: Wir hatten viel Spaß dabei und die Damen »entschuldigten« sich bei ihren verstorbenen Ehemännern für die neu gewonnene Selbstständigkeit – und konnten danach ihre Unabhängigkeit genießen.
4. *Finden einer fortwährenden Beziehung zum Verstorbenen im Kontext der Gestaltung einer neuen Lebenswelt:* Hier stellt sich die Aufgabe, wie der Verstorbene erinnert werden soll, welche sichtbaren, erzählbaren Spuren er hinterlassen hat, welche Rolle er im Alltag übernimmt. Schließlich geht es auch darum, wie über ihn und sein Schicksal mit anderen gesprochen wird und wie verspätete Kondolenzen aufgenommen werden. So kann ein in-

nerer Dialog mit der verstorbenen Person durchaus hilfreich und ›normal‹ sein. Wenn aber der Hinterbliebene auf die Antwort des Verstorbenen permanent angewiesen ist, verhindert dies eine Neuordnung der gegebenen Situation.

Aber auch Wordens Modell wird von manchen Trauerforschern kritisiert. Insbesondere die zweite Aufgabe, das Durcharbeiten des Schmerzes, sei für einen normalen Trauerverlauf keine notwendige Aufgabe.

Duales Prozessmodell (Stroebe und Schut)

Margaret Stroebe und Henk Schut, zwei Trauerforscher von der Universität Utrecht entwickelten 1999 das Duale Prozessmodell der Trauer. Es beschreibt den Trauerprozess als ein Oszillieren zwischen emotionalen verlustorientierten Aufgaben (zum Beispiel Umgang mit plötzlich auftauchenden Bildern oder Erinnerungen) auf der einen und praktischen wiederherstellungsorientierten Aufgaben (zum Beispiel neue Beziehungen aufnehmen, neue Aufgaben, wie Autos betanken, erlernen) auf der anderen Seite. Im Fokus steht die Regulation der Emotionen durch den ständigen Wechsel zwischen den beiden Aufgabenfeldern.

Dieses Modell lässt sich in der Therapie sehr gut umsetzen. Es hat sich daher im klinischen Bereich als Grundlage bewährt. Die niederländische Gruppe um Stroebe und Schut stellt auch deshalb einen wichtigen und erwähnenswerten Einfluss in der Trauerforschung dar, weil sie praktisch alle wichtigen zeitgenössischen Trauerforscher in ihrem umfassenden Handbuch zu Wort kommen lässt (Stroebe, Hansson, Stroebe & Schut, 2008).

Soziales Interaktionsmodell der Komplizierten Trauer (Butollo und Kollegen)

Die weiteren vorgestellten Ansätze befassen sich explizit mit problematischen Trauerverläufen und den Entstehungsbedingungen der aufrechterhaltenden Kriterien der Komplizierten Trauer. Das soziale Interaktionsmodell betont die Rolle der internalisierten und der realen sozialen Interaktion bei Trauernden: Zuwendung, Schonung, Freistellen von ökonomischen und sozialen Forderungen seitens der sozialen Umwelt schaffen dem Trauernden eine – im lernpsychologischen Sinne – sekundäre Verstärkung für das Verweilen in der Trauerhaltung, einem Habitus, der eine Entrücktheit, in gewissem Sinne eine Unberührbarkeit durch Alltägliches signalisiert.

Diese Gestaltung realer Interaktionen wird auch in den Gedanken des Trauernden aufrechterhalten und führt zu einer Art kognitiv-emotionalem inneren Klagen, mit dessen Hilfe der Trauernde seine Position als Opfer behält. Die beanspruchte Exklusivität der inneren Beziehung schützt den Trauernden gleichsam davor, wieder in die Niederungen des banal erscheinenden Alltags zurückzukehren, in dem die realen Bezugspersonen nicht als kompetent genug erachtet werden, den Trauernden zu verstehen. Die Mitmenschen sind dann die Leidtragenden.

Das gilt besonders für Kinder, wenn deren Mutter, zum Beispiel nach dem Tod ihres Mannes oder eines anderen Kindes, auf lange Zeit in einer derartigen Opferhaltung ›untertaucht‹ und ihre Forderung, geschont zu werden, wie einen Schild vor sich herträgt: Die Kinder sind dann die sekundär Belasteten dieser Art von exzessiv zelebrierter Trauerauszeit. Komplizierte Trauerprozesse gehen daher oft mit einer Störung des Kontaktes zu lebenden Bezugspersonen einher. Kinder leiden darunter besonders.

Regelkreismodell der Komplizierten Trauer (Pfoh, Kotoučová und Rosner)

Eines der neueren Trauermodelle ist das Regelkreismodell (Pfoh, Kotoučová & Rosner, 2015), das den aufrechterhaltenden Kreislauf für Komplizierte Trauer beschreibt. Diese Trauerform ist durch eine hohe Intensität und eine überdurchschnittlich lange Dauer gekennzeichnet (Näheres zur Komplizierten Trauer, siehe Kapitel 6). Ungünstige Bewältigungsmechanismen, Vermeidung oder auch eine zu intensive Beschäftigung mit dem Verstorbenen werden zunächst zur Symptomlinderung eingesetzt. Langfristig führen diese Mechanismen aber zur Aufrechterhaltung dieser Trauer und zu Einschränkungen, die die Trauer wieder verstärken.

Externe Trauerauslöser (zum Beispiel spezielle Gerüche oder Ähnlichkeiten anderer Personen mit dem Verstorbenen) oder interne Trauerauslöser (zum Beispiel die Erinnerung an bestimmte Aktivitäten oder die Wahrnehmung besonderer Gefühle), auch »Trigger« genannt, lassen die Endgültigkeit und Hoffnungslosigkeit des Verlusts wiedererkennen und reaktivieren die anfängliche Trauersymptomatik.

Ein anderer Ansatz: Komplizierte Trauer als Folge unerledigter Beziehung?

Schaut man sich die Modelle zur Beschreibung von Komplizierter Trauer näher an, dann fällt auf, dass ein wichtiger Aspekt nicht genug berücksichtigt wird: die Bedeutung unerledigten Beziehungsgeschehens. In den meisten Fällen von Komplizierter Trauer hadern Menschen damit, was der verstorbenen Person noch alles gesagt und für sie getan hätte werden müssen und wozu jetzt keine Gelegenheit mehr besteht. Diese Reaktion ist häufig, vor allem wenn der Tod plötzlich eintrat und die nahestehende Person darauf nicht vorbereitet war. In manchen Fällen kann sich das zu einem zwanghaften Grübeln über ausgelassene Chancen auswachsen und den Bewusstseinsablauf dominieren.

Unerledigte Beziehungsprozesse – Gestalttherapeuten würden in Anlehnung an einen Terminus von Fritz Perls etwas salopp und im konkreten Falle wohl auch etwas unpassend von ›unfinished business‹ sprechen – haben aber die Eigenschaft, so sie denn unerledigt bleiben (»offene Beziehungsgestalten«), die innere Aufmerksamkeit zu binden. Wer sich also mit Selbstvorwürfen über nicht Ausgedrücktes oder Unterlassenes, also kurz Unerledigtes quält, bewirkt damit indirekt, dass der Verstorbene nicht losgelassen wird, dass man ihn nicht »gehen lassen« muss. Derjenige hat dafür ja auch noch eine vermeintlich plausible Begründung.

Wer sich einseitig für nicht erledigte Beziehungsprozesse Schuld zuweist, unterwirft sich gleichsam in seinen internen psychischen Repräsentationen der Person, der gegenüber er meint, schuldig geworden zu sein. Damit wird das eigene Selbst immer wieder als ein unterwürfiges, nicht selbstverantwortliches Selbst geformt. Dies führt dazu, dass eine Abhängigkeit dem Menschen gegenüber aufrechterhalten wird, dem man sich durch die eigenen Schuldvorwürfe unterwirft.

Unerledigte Beziehungsprozesse addieren sich somit zu jenen Faktoren, die komplizierte, sich übermäßig lange hinerstreckende Trauerprozesse (mit) verursachen. Denn sie behindern das Trauern selbst, fixieren gleichsam die Bindung zu dem inneren Bild, das wir von der uns fehlenden Person bei jedem Gedanken wiedererschaffen. Das behindert wiederum die Entwicklung eines freien Selbst, das sich an den inneren (und äußeren) Beziehungen jeweils neu zu formieren versucht. Die Fixierung an ein verstorbenes Gegenüber erzeugt somit die Fixierung eines sich bedrückenden, sich unterwerfenden, leidenden Selbst. Die zirkulär wiederkehrenden Selbstvorwürfe verdecken und unterbrechen den eigentlichen Trauerprozess. Eine Emanzipation beziehungsweise ›Selbst-Befreiung‹ von der verstorbenen Person – wenn sie denn gewünscht ist – kann auf diese Weise nicht stattfinden.

2. Normale Trauer

Ingrid

Ingrid (65) hat ihren Ehemann im Alter von 67 Jahren verloren. Er starb an Leberkrebs, nur knapp vier Monate nach Feststellung seiner Krankheit. Die Diagnose Krebs im fortgeschrittenen Stadium war ein schwerer Schock für die Familie gewesen, da Ingrids Mann bis dahin sehr aktiv war und immer noch im Tennisteam der ›Alten Herren‹ ganz vorne mitspielte. Der Arzt sprach offen mit der Familie über die nur noch kurze Lebenserwartung von Ingrids Mann.

Während seiner Krankheit fanden Ingrid und ihr Mann noch einmal nah zueinander. Ingrid sagte später, dass vierzig Jahre Ehe mit ihrem Mann sie nicht mehr miteinander verbanden als diese letzten vier Monate seines Lebens. Sie pflegte ihn, so gut sie es vermochte, sie führten lange tiefe Gespräche miteinander, und zusammen brachten sie viele gemeinsame Alltagsdinge zu einem Abschluss. Den Tag seines Todes verbrachte Ingrid mit ihm, und zusammen mit ihren Kindern nahmen sie voneinander Abschied. Schließlich starb ihr Mann in ihrem Beisein. Zu seiner Beerdigung kamen viele Freunde und Bekannte. Ingrid hatte eine wunderschöne Trauerfeier arrangiert, auf der sie sogar eine kurze Gedenkrede hielt.

Bereits kurz nach dem Tod ihres Mannes scharte sich der Freundeskreis der Familie um Ingrid, half ihr mit alltäglichen Aufgaben. Ihre Freundin zog in den ersten zwei Wochen sogar bei ihr ein. Das half ihr in der ersten schweren Zeit. Doch nach wenigen Wochen hatte Ingrid Schlafschwierigkeiten. Keine Nacht konnte sie durchschlafen. Mehrmals in der Nacht wachte sie auf, manchmal schweißgebadet, und grübelte darüber nach, was schiefgelaufen war: Hatte sie im Krankheitsverlauf etwas übersehen? Hätte sie nicht manchmal nachsichtiger sein sollen? Jedes Mal brauchte sie lange, um wieder einzuschlafen. Morgens erwachte sie mit dem angstvollen Gedanken, nun allein zu sein. Sie fühlte sich unausgeruht, »wie gerädert« und hatte Mühe, das Bett zu verlassen. Sie fühlte sich zu nichts imstande. Sie weinte viel und sehnte sich sehr nach ihrem Mann. Sie begann Schmerzen in der Bauchgegend wahrzunehmen, die denen ihres Mannes ähnelten. Doch verschiedene Arztbesuche bescheinigten ihr gute Gesundheit.

Schließlich beschloss sie, sich einer Wandergruppe anzuschließen. Dort lernte sie mehrere Menschen kennen, die ebenfalls ihre Partner verloren hatten. Mit ihnen verbrachte sie oft die Sonntage. Gemeinsam unternahmen sie etwas, halfen sich gegenseitig aus und wagten sogar, neue Dinge auszuprobieren.

Ingrid beschrieb ihr Leben keineswegs als einfach, aber sie machte es sich zum Ziel, wieder »ins Leben zurückzukehren«. Der erste Sommer war fürchterlich. Kein gemeinsamer Campingurlaub, keine Radtouren, keine Grillabende. Der bevorstehende erste Jahrestag des Todes machte ihr Angst. Sie vertraute sich ihren neuen Freunden an, mit denen sie schließlich diesen Tag plante.

Nach den Winterfeiertagen begann sie festzustellen, dass sie viele neue Dinge gelernt und alte wieder aufgefrischt hatte. Das zweite Frühjahr erschien ihr schon besser. Nach nunmehr fünf Jahren berichtet Ingrid, dass sie sich noch immer nach ihrem Mann sehne und ihre Trauer auch immer wieder auftauche. Aber sie berichtet auch, dass sie mit Freude an die gute alte Zeit mit ihrem Mann zurückdenken könne. An Zeiten, in denen beide unbesorgt ihre gemeinsamen Stunden genossen hatten. Ingrid nimmt seit einigen Jahren wieder Klavierunterricht und gibt Nachhilfe für Grundschüler.

Ingrids Geschichte zeigt einen möglichen nicht pathologischen, also normalen Trauerverlauf. Die ersten Wochen wurden im Angesicht der sich stellenden Aufgaben, wie der Bestattung etc., und mit Hilfe von Freunden »gut überstanden«. Doch danach spürte sie ihre Trauer mit voller Wucht: Schlaflosigkeit, Kontrollverlust bezüglich ihrer Weinanfälle und vorübergehende Einschränkungen in ihren alltäglichen Aufgaben rissen sie in etwas hinein, was sie »ein tiefes Loch« nannte. Erst als sie die bewusste Entscheidung traf, wieder etwas an ihrem Leben zu verändern, war sie in der Lage, ihre derzeitige Situation zu akzeptieren und in die Zukunft zu blicken.

Es war wichtig für sie gewesen, sich von ihrem Mann verabschieden zu können und nach seinem Tod die Unterstützung von Freunden zu haben. Ebenso wichtig war es für sie, die Trauer in all ihren Tiefen zu erleben. Sie verzichtete auf psychotherapeutische Interventionen und distanzierte sich von den gut gemeinten Ratschlägen ihrer Kinder. Das Annehmen ihrer neuen, veränderten Situation forderte einerseits ihr Durchhaltevermögen, erlaubte es ihr aber auch, *ihre* Trauer anzunehmen, so wie sie war.

Beschreibung von normaler Trauer

Der Tod eines nahestehenden Menschen stellt eine irreversible Situation für die Hinterbliebenen dar, er ist unwiderruflich, endgültig. Im Alltag verschleiern wir in der Regel vor uns selbst, dass diese Unwiederbringlichkeit ja im Grunde für jede Sekunde unseres Lebens gilt. Durch den Tod eines nahen Angehörigen wird dieser Umstand uns aber radikal bewusst gemacht, denn mit dem Verlust dieser Person geht eine eingefahrene Routine zu Ende, die uns vorgaukelte, alles würde für immer so bleiben, wie es gerade ist. Nein, sagt das Leben in Gestalt des Todes und verfügt, dass eine Ära abgeschlossen wird. Nichts ist mehr so wie vorher. Dies trifft auch für Eltern zu, die ihr Kind in der Schwangerschaft, während der Geburt oder kurz danach verlieren.

Schnell wird klar, dass der Verlust nicht nur im Fehlen der verstorbenen Person besteht, sondern dass dieses Fehlen auch eine einschneidende Veränderung im Leben der Hinterbliebenen verursacht. So ist Trauer die natürliche Reaktion auf einen solchen Verlust. Alles wird von ihr beeinflusst. Möglicherweise entsteht ein

Gefühl der Hilflosigkeit. Es ist, als ob der Boden unter den Füßen weggerissen wurde. Man pendelt lange hin und her, zwischen der inneren, gedanklichen Beschäftigung mit der verlorenen Person einerseits und der Zuwendung zur gegenwärtigen Situation und den Aufgaben, die sie für uns bereithält, andererseits.

Wenn also Sigmund Freud einst den Umgang mit Trauer als »Trauerarbeit« bezeichnete, so hatte er recht. Der Umgang mit Trauer ist harte Arbeit. Eine Welt stürzt ein, der Alltag ist beschwerlich und die Abende, Nächte und Wochenenden umso mehr. Man ist gespalten zwischen dem innerlichen Festhalten des Verstorbenen und der Gegenwart, die ständig neue Forderungen an einen stellt. Kein Wunder, dass Trauern erschöpft, lähmt und Verletzungen schafft, deren Schmerzen oft kaum auszuhalten sind. Verletzungen, die zum einen dem Verlust selbst geschuldet sind; zum anderen sind es auch die Auseinandersetzungen mit damit verbundenen unliebsamen Themen und Tatsachen. Mitunter aktiviert die Trauer Emotionen, deren Präsenz oder Tiefe zuvor unvorstellbar war. Trauernde berichten dann auch oft von einem Zustand totaler Erschöpfung.

Wenn wir gewöhnlich über Trauer reden, ist die sogenannte normale oder akute Trauer gemeint. Sie bezieht sich darauf, dass die meisten Menschen im Kontext derselben Ethno- oder Religionskultur auf diese oder ähnliche Art trauern. Manchmal wird die normale Trauer auch als ›einfache Trauer‹ bezeichnet: ein Missgriff in die Namenskiste. Verständlicherweise verstehen Trauernde diesen Begriff oft als Affront, denn sie fragen sich, ob jemals jemand Trauer als einfach empfunden hat. Kennzeichnend für normale oder akute Trauer sind starke Sehnsucht oder Verlangen nach der verstorbenen Person. Dabei ist Sehnsucht der dominierende Indikator. Trauernde berichten, dass sie sich oft fühlen, als ob sie vor Sehnsucht zerplatzen. Des Weiteren gehören überwältigende Gefühle von Schmerz und Traurigkeit, Ärger und Wut, Ohnmacht und Hilflosigkeit, Verzweiflung, Angst, Erleichterung, Einsamkeit, Schuld, Scham, aber auch Verwirrung zu einer normalen Trauer. Dazu kommt eine ganze Liste von körperlichen Symptomen, die als Folge der Anspannung beim Trauern zu konkreten physischen Schmerzen mutieren können. Ein Trauernder berichtete, er habe seit dem Tod seines Partners Gliederschmerzen in den Armen und kein Arzt habe ihm helfen können. Auch so kann sich also die Trauer zeigen.

Was ist die seelische Basis all dieser somatischen Symptombildungen? Letztlich läuft es vermutlich darauf hinaus, dass es akut Trauernden einfach extrem schwerfällt, ihren Verlust zu akzeptieren. Sie sind fassungslos, sperren sich körperlich und psychisch gegen die neue Wirklichkeit, der Körper spannt sich extrem an und sie sind früher oder später völlig erschöpft. Diese Einschränkungen können ein derartiges Ausmaß annehmen, dass alles andere in den Hintergrund tritt: Nichts anderes hat Platz, denn die Trauer füllt alles aus. Hausarbeit kann nicht mehr erledigt werden, die Konzentration am Arbeitsplatz oder in der Schule leidet, emotionale Zuwendung ist unmöglich. Trauer stellt sich dann wie eine schlechte Partnerschaft dar: Kein Ausweg ist in Sicht und man ist gefangen mit einem nicht fassbaren Gegenüber. Aussteigen geht nicht.

Doch dieser Aspekt der Trauer hat auch eine verführerische Seite: Sie füllt aus und erhält die Verbindung zu dem Verstorbenen. Solange die Psyche emotional rebelliert, fühlt der Trauernde die innere Leere des Verlusts nicht, die dann – wenn sie dann irgendwann wahrgenommen wird – noch einmal eine ganz besondere Herausforderung darstellt. Leider gibt es auch Fälle, in denen dieses klare Empfinden des Verlusts über lange Zeit vermieden wird. Der Hinterbliebene bleibt in einem Kreislauf des Rebellierens gefangen. Dann besteht die Gefahr, dass die normale Trauer einen komplizierten Kurs annimmt.

Trauer ist auch immer eingebettet in einen kulturellen Rahmen, der Normen und Verhaltensregeln vorgibt. Ursprünglich, in grauer Vorzeit, haben sich die Großfamilien, die sich in oft unwirtlichem Gelände behaupten mussten, ihre recht strikten Verhaltensregeln durch die hierarchisch organisierte Machtverteilung jeweils ad hoc selbst gegeben. Der Sippenführer bestimmte, wie man sich zueinander und nach außen verhielt. Sein Handeln, sein Entscheiden waren eben Gesetz. Mit der Qualität des Sippenführers stand und fiel dann die Gemeinschaft. Fehlverhalten, Aufbegehren, Verweigern waren nicht zulässig und wurden meist mit Ausschluss aus der Gemeinschaft sanktioniert, was de facto ein Todesurteil war. Wer in der Wüste oder im Urwald die Gemeinschaft verlassen musste, war damals in der Regel nicht mehr überlebensfähig.

Je größer nun die sozialen Systeme wurden, desto allgemeiner mussten die Regeln gestaltet werden. Das Gesetz wurde nicht mehr durch das Handeln des totalitären Führers der Gemeinschaft bestimmt, sondern musste auf andere Weise geformt werden. Kultur ist dann das soziale Raster, wenn die Sippensysteme nicht mehr ausreichen, da im Falle groß gewordener Gemeinschaften mehr Flexibilität und Toleranz erforderlich wird. Man kann die so entstehende Kultur dann eben als jenes System von Werten und Regeln verstehen, das sich wie ein Raster über das gesamte Denken und Handeln einer Gesellschaft legt. Man könnte es auch salopp als kollektives Rezeptbuch bezeichnen. Wenn wir also nach unserem kollektiven Rezeptbuch unser Leben ›kochen‹, geschieht das aufgrund unserer Sozialisation. Und natürlich bestimmt dieses soziale Raster auch, wie die Mitglieder dieser Gemeinschaft ihre Toten betrauern.

Die sogenannte Primärsozialisation findet vornehmlich in der Familie statt und gestaltet sich meist informell. Das heißt, Kinder schauen sich in ihrem (Familien-)Umfeld um, orientieren sich an dessen Vorlagen und erleben somit die Welt durch die Augen ihres sozialen Umfeldes. Auf diese Weise schaffen sie sich ihr Weltbild. Man kann sich leicht vorstellen, dass Kinder so ihre Welt als die einzige, die richtige Welt anerkennen. So wie es »die Großen« (Mama und Papa, Oma und Opa) machen, so ist es eben. Wehe dem, der es anders versucht.

Auch den Umgang mit Trauer lernen wir in unserem sozialen Umfeld, das für die meisten von uns unsere Herkunftsfamilie ist. Wenn also Menschen in unserer heutigen globalisierten Welt in einem Kulturkreis sozialisiert werden, aber später in einem anderen leben, kann das mitunter zu Missinterpretationen führen und für sie selbst als betroffene Trauernde und für ihr soziales Umfeld verwirrend sein. Wir denken dabei zum Beispiel an Filmausschnitte aus den USA von Bestattungen mit bunt gekleideten Menschen, die in afrikanisch-amerikanischer Tradition laut singen und tanzen. Dies ist für Mitteleuropäer zunächst befremdlich.

Trauer – Zustand und Prozess

Trauer ist ein sich ständig verändernder Zustand und damit ein Prozess mit einem Anfang und – vielleicht – mehreren Enden. Da der Verlust unwiderruflich ist und man sich möglicherweise immer wieder damit auseinandersetzen muss, kann man auch die These vertreten, dass Trauer ein Prozess ist, der im Prinzip nie endet. Vielleicht ist das aber doch eher eine definitorische Spitzfindigkeit, denn wenn Gefühle der Trauer nicht mehr spürbar und ihre Auswirkungen nicht mehr erkennbar sind, macht es auch wenig Sinn vom Fortbestehen des Trauerprozesses zu sprechen. In diesem Punkt divergieren die Ansichten der Autoren dieses Buches. Dennoch können wir nicht ignorieren – und wissen es vielleicht aus eigener Erfahrung –, dass auch Jahre oder Jahrzehnte nach dem Tod eines nahestehenden Menschen plötzlich die Trauer noch einmal deutlich spürbar sein kann. Vielleicht, weil ein Trigger die Trauer reaktiviert oder weil die neue Perspektive des fortgeschrittenen Alters die Erinnerung neu beleuchtet.

Die meisten Hinterbliebenen erleben, dass die Intensität ihrer Trauerreaktion nach einer gewissen Zeit nachzulassen beginnt und es allmählich zur Anpassung an die neue Situation kommt. Das Leben hat sich ohne die verstorbene Person wieder stabilisiert und die anfangs oft erfahrenen Einschränkungen in Gefühlen, Beziehungen und Lebensmut sind einer Neuordnung des Lebens gewichen. Dass die Trauer reaktiviert wird und aufflammt, hängt nicht nur mit der ›Tagesform‹ eines jeden Trauernden zusammen, sondern auch mit auslösenden Faktoren, genannt Triggern (siehe Kapitel 6, Abschnitt »Trauerauslöser«), die uns im Alltag immer wieder begegnen.

Verlauf von normaler Trauer

Vielfach besteht die Hoffnung, dass die Trauer irgendwann einfach »weggeht« oder »aufhört«. Die Realität lehrt uns aber, dass dies nicht so ohne weiteres möglich ist. Der Tod eines wichtigen Menschen in unserem Leben hinterlässt eine Lücke, die einen Verlust bedeutet, der im weiteren Leben der Hinterbliebenen lange, manchmal auch heftig aufflackernd dann und wann spürbar sein wird. Immer wieder gibt es Gelegenheiten, zu denen die verstorbene Person besonders vermisst wird. So können Sehnsucht und Verlangen sich auch nach vielen Jahren nochmals breitmachen.

Eine Patientin berichtete, dass der Tod ihrer Großeltern sie zum Zeitpunkt des Todes nicht sehr betroffen machte, da die Großeltern damals bereits alt und krank waren. Nach den Geburten ihrer Kinder bedauerte sie aber immer wieder, diese wichtigen Ereignisse nicht mit den Großeltern teilen zu können. Nun erlebte sie die Trauer um die Großeltern erneut und diesmal sogar in einem stärkeren Maße. Was sie erlebte, war eine normale Fluktuation beziehungsweise Reaktivierung ihrer Trauer.

Es ist eine wichtige Erkenntnis, dass die Trauer nicht einfach »weggeht«, sondern dass sie fluktuiert. Sie lässt sich weder wegatmen, wegmeditieren noch wegtherapieren. Es ist aber möglich, mit der Trauer so umzugehen, sie so zu erfahren, dass nicht sie uns beherrscht, sondern wir über sie bestimmen, so dass die Einschränkungen, die wir durch sie erleiden, minimiert werden. So berichten normal Trauernde, dass nach geraumer Zeit, nach Wochen, Monaten oder auch Jahren, ihre Trauer erträglich wird. Das heißt, die Sehnsucht und das Verlangen nach der verstorbenen Person sind weniger stark oder nicht jederzeit spürbar. Die Akzeptanz, das Annehmen der Realität, wird stärker.

Soll denn Trauer überhaupt beschleunigt werden im Sinne einer raschen emotionalen ›Normalisierung‹? Wer trauert, fühlt doch. Und in diesem Gefühl erlebt er sich selbst intensiver, nimmt plötzlich innere Räume seines Gefühlslebens wahr, zu denen er im Zustand der normalen Alltagsroutinen vor dem Verlust nicht fähig schien. So wie Menschen im Zustand der Verliebtheit ›verrückt‹ sind, man dann ja auch schon bei kurzen Trennungen von der geliebten Person panikartige Zustände erfahren kann, ist das in gewissem Sinne auch beim Trauern der Fall – nur, dass der Schmerz des Verlustes, anders als Liebesleid, natürlich noch um einige Facetten existentieller wirkt. Birgt er doch auch den Hauch des Endgültigen in sich, in dem sich auch das eigene Ende in der Ferne ankündigt.

Diverse Strategien im Umgang mit Trauer mögen durchaus zur Verbesserung des Leidensdrucks und der Lebensqualität führen. Generell kann man also sagen, dass die Trauer für die Hinterbliebenen zwar unterschiedlich lange das Leben begleitet, sich im Laufe der Zeit aber verändert, und die Hinterbliebenen berichten, dass sie »versierter« mit der Trauer umgehen können.

Dennoch ist eine Vorstellung, nach der die Trauer ein Leben lang anhalten kann, für viele Hinterbliebene erschreckend, zumal dabei die Erkenntnis reift, dass das Leben nie mehr so sein wird wie vor dem Verlust. Wie es das Coverbild unseres Ratgebers ausdrückt: Aus der zusammengesetzten Tasse kann man nicht mehr trinken. Doch man kann, mit der Erfahrung des Verlustes, seine neuen Kontakte, seine neuen Lebenserfahrungen und Erlebnisse anders wertschätzen. Mit jedem Verlust wächst die Fähigkeit zur Anerkennung der Einmaligkeit gelebter Momente, vergangener, gegenwärtiger und zukünftiger. So betrachtet wäre es kein Widerspruch, würde man den Trauernden zum Zelebrieren des zwar traurigen, doch einmaligen, unwiederbringlichen Augenblickes einladen.

Drei Säulen der Trauer: Gedanken, Gefühle und Verhalten – und die Rolle des Kontaktes

Im allgemeinen Sprachgebrauch werden ›Trauer‹ und ›Traurigkeit‹ oft synonym verwendet und es wird von ›dem Gefühl der Trauer‹ gesprochen. Tatsächlich aber ist Trauer ein Zustand, der geprägt ist von bestimmten Gefühlen, Gedanken und Handlungen (siehe Abbildung 1). Da sich diese Zustände immer wieder ändern, sprechen wir auch von Trauer als Prozess, in dessen Verlauf sich die Gefühle, Gedanken und Handlungen ebenfalls ändern. Dabei ist es wichtig zu wissen, dass all diese Gefühle, Gedanken und Handlungen in diesem Prozess ihren berechtigten Platz haben. Gefühle können wir zwar verleugnen oder ignorieren, aber nicht beseitigen oder wegzaubern. Ein Patient beschrieb es so: »Gefühle sind Teil der Hardware.« Recht hat er. Wie wir damit umgehen, beschreibt unsere Software. Und bekannterweise sind da immer wieder ›Updates‹ fällig.

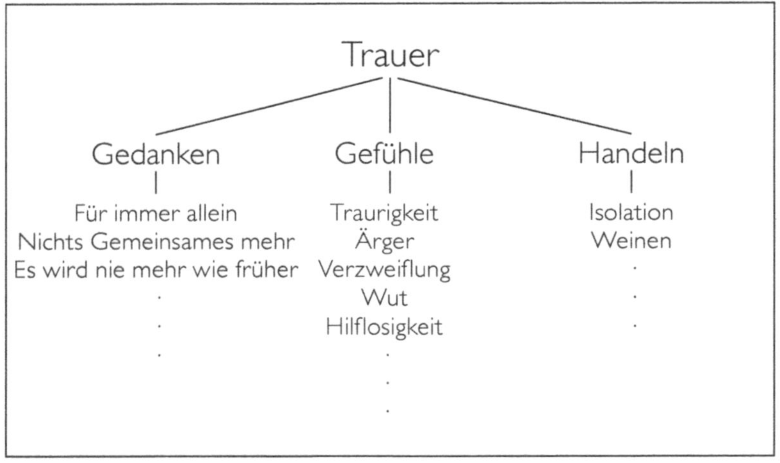

Abbildung 1: Drei Säulen der Trauer

Nun stehen diese Säulen nicht funktionslos im psychischen Raum herum, sondern erhalten ihre Bedeutung immer erst durch ihre Einbettung in Beziehungen. Dazu gehört die Beziehung zu der verlorenen Person, vor dem Verlust und danach. Denn auch zu jemandem, der nicht mehr lebt, hat man ja immer noch eine Beziehung – in Gedanken, Gefühlen und im Handeln. Natürlich läuft das meiste dabei intrapsychisch, also im Denken, Vorstellen, Erinnern ab, aber auch in Form von inneren Dialogen. Nicht selten trifft man trauernde Personen, die vor sich hinsprechen und vielleicht gestikulierend der imaginierten verstorbenen Person versuchen, ihren Standpunkt zu erklären. Früher war das dann auch immer etwas auffällig, doch heute, da die Menschen anscheinend in jeder Lebenslage mit dem Knopf im Ohr und dem Handy in der Tasche telefonieren, fällt das gar nicht mehr so auf, wenn jemand quasi mit einem Verstorbenen laut, aber ohne Handy ›telefoniert‹.

Zurück zur Bedeutung des Kontaktes für den Trauerprozess. Natürlich ist der reale zwischenmenschliche Kontakt zu lebenden Mitmenschen, denen gegenüber man seine Trauer ausdrücken kann, die Anteil nehmen, aber auch ein Korrektiv gegen das Versacken in statischer Trauer sein können, von enormer Bedeutung. Wir wollen aber die Aufmerksamkeit der Leser auch auf die Bedeutung interner Kontaktprozesse lenken: Wie begegnen die Trauernden innerlich dem verstorbenen Menschen. Tun sie es überhaupt? Vermeiden sie die Erinnerung, die innere Begegnung, vielleicht sogar die Intensivierung der Gefühle, die mit dieser Begegnung einhergeht? Sehen sie ständig TV-Sendungen, machen sie Überstunden, kümmern sich um den Rest der Familie oder klopfen sie heftig in die Tastatur ihrer Notebooks, um sich durch externe Aufgaben abzulenken?

Wie gestalten Trauernde die innere Repräsentation des Verstorbenen, die bildliche Vorstellung von ihm? Wenn wir versuchen, uns zu erinnern, glauben wir, dass unsere Erinnerungen korrekt sind, und bedenken dabei nicht, dass wir bereits eine enorme Auswahl aus der Fülle gemeinsamer Erlebnisse treffen. Manche beschönigen, manche beschädigen die Erinnerung an den Verstorbenen. Und immer hat das Konsequenzen dafür, wie man sich selbst fühlt. Das Selbst des Trauernden ist zu einem ganz erheblichen Teil davon abhängig, *wie* die verlorene Person innerlich nachgebildet wird und wie wir unsere Beziehung zu ihr im Prozess der Erinnerung gestalten. Dieses Begegnen in der Vorstellung ist ein gegenwärtiger Prozess und er bestimmt, wie sich der oder die Trauernde in dieser Gegenwart fühlt: zornig, froh, liebevoll, enttäuscht, verraten oder schlicht traurig. Die Trauernden bestimmen ihr Selbst immer wieder neu durch die Art, wie sie sich im inneren Kontakt mit der verstorbenen Person verhalten, indem sie das Bild dieser Person innerlich aktivieren und damit ihre Beziehung zu ihr aktualisieren.

Die Vorstellung davon, wie sich die in der Fantasie wieder lebendig werdende Person dem Trauernden gegenüber verhält, auch wie sie dabei denkt und fühlt, bestimmt das Selbst des Trauernden. Er *ist* in dem Moment die Person, die er in der fantasierten Beziehung aktiviert. Das mag weitgehend damit übereinstimmen, wie er selbst damals, zu Lebzeiten des Verstorbenen, gewesen ist, kann aber auch sehr weit davon abweichen. Denn die in der Fantasie reaktivierte Erinnerung an den Verstorbenen ist bereits Gegenstand einer Vielzahl von Selektionsprozessen, die zwar nach dem Verlust eine stabilisierende Funktion für die Psyche des Trauernden übernehmen, von der wirklich gelebten Beziehung aber erheblich und oft einseitig abweichen kann.

Und es kommt natürlich auch vor, dass dieses Bild von einem Extrem in das andere kippt. Zuvor idealisierte Vorstellungen des Verstorbenen werden danach überkritisch gesehen. In so einem Fall ›kippt‹ auch das Selbst des Trauernden, es ist in diesem Prozess des Umschlagens zwischen Vergöttern und Verdammen noch nicht stabil. Wie auch immer das im Detail aussehen mag, während der Trauer hat das Idealisieren und Kritisieren des Verstorbenen eine Zeit lang eine stützende Funktion. Es ist wie ein Tanz, in dem um die eigenen Grenzen gerungen wird. Erst wenn diese Stütze nicht mehr benötigt wird, kann man daran arbeiten, ein realistisches Bild des Verstorbenen zu reaktivieren.

Fakt ist: Wir werden im Trauern zu dem, wie wir uns intern zu der verstorbenen Person verhalten. Am inneren Bild des Verstorbenen formt sich unser Selbst. Diese – plausible – Sichtweise hilft uns auch beim Verständnis Komplizierter Trauer und eröffnet eine völlig neue Perspektive für das Vorgehen bei der Beratung von Personen mit Komplizierter Trauer.

Trauer – eine Krankheit?

Schon aus dem Zeitalter der frühen Aufklärung gibt es Aufzeichnungen, die Trauer als eine Vorform der Melancholie beschreiben und eine Medikation – damals durch bewusstseinsverändernde Suchtmittel – als Heilmittel für Trauer sehen. Benjamin Rush, einer der Unterzeichner der amerikanischen Unabhängigkeitserklärung und zudem Arzt, berichtete von Menschen, die an gebrochenem Herzen gestorben waren, nachdem er geplatzte Blutgefäße in deren Herzgegend entdeckt hatte; er thematisierte damit schon im 18. Jahrhundert die somatisierenden Auswirkungen der Trauer.

Obwohl Trauer manchmal auch durch körperliche Symptome gekennzeichnet ist, so ist sie in ihrer normalen Verlaufsform doch keine Krankheit. In der früheren Annahme, dass Trauer eine Form der Depression sein könnte, wurden Trauernde mit Antidepressiva behandelt. Diese Behandlung hat sich insgesamt als ineffektiv erwiesen. Auch ein Indiz dafür, dass Trauer keine Form von Depression ist.

Andere Medikamente können höchstens einzelne Symptome wie zum Beispiel Schlafbeschwerden lindern, aber auch sie heilen die Trauer nicht. Es gibt keine Medikamente gegen Trauer, und die normal verlaufende, akute Trauer darf nicht pathologisiert werden, denn sie ist eine natürliche Reaktion auf den Verlust eines nahestehenden Menschen.

Unterschiedliche Verluste – eine Trauer

Ein Verlust ist ein Verlust ist ein Verlust ist ein Verlust.

Häufig unterscheiden wir aber Verluste nach der Art des Todes oder nach der Beziehung zum Verstorbenen. Diesen unterschiedlichen Verlusten wird dann eine unterschiedliche Schwere unterstellt, aus der sich dann ableiten soll, wie schwer die Trauer für die Hinterbliebenen wiegt. Das ist zwar einerseits verständlich, andererseits ist es so, als beraube es manchen Trauernden ihres Rechts oder ihrer Art zu trauern.

Stirbt ein Mensch, so stirbt ein Kosmos. Ist das tragisch? Vermutlich nicht im Sinne der griechischen Tragödie, bei der ein »schuldlos Schuldigwerdender« von den Göttern in eine ausweglose Situation gebracht wird und in der sich aufbauenden Katastrophe zugrunde geht. Im alltagssprachlichen Sinn ist dann doch eher die Katastrophe, das Unheil oder ein Unglück gemeint, wenn man von ›tragisch‹ spricht. Natürlich ist es in diesem Sinne immer tragisch, wenn ein Tod unerwartet, unter schrecklichen Umständen, vielleicht sogar gewaltsam erfolgt. Wenn ein junger Mensch stirbt, denken wir vermutlich an all die Dinge, die er durch den frühen Tod versäumt. Auch der Verlust eines Kindes ist immer tragisch und hinterlässt bei allen davon Betroffenen tiefste Spuren; nicht zuletzt auch deshalb, weil der Tod eines Kindes unseren Erwartungen widerspricht, als hätten wir eine Art Anspruch auf ein Leben ohne Brüche, sicher und ohne wesentliche Störfälle.

Elke

Elke war das Wunschkind des Paares. Sie erfüllte jeden Traum der jungen Eltern. Im Alter von sechs Jahren wurde sie mit einer besonders aggressiven Form von Leukämie diagnostiziert. Zunächst schien ihre Behandlung Erfolg zu haben. Aufatmen in der Familie, die, wie sie sagte, »durch die Hölle und zurück« gegangen war. Zwei Jahre später kehrte die Krankheit zurück und es dauerte nur wenige Wochen bis zum Tod von Elke. Besonders ihre Mutter war vor Verzweiflung wie gelähmt. Sie beschloss, sich in eine Psychotherapie zu begeben. Mehrfach blickte sie in ihren Sitzungen der Therapeutin intensiv in die Augen und flehte sie laut an: »Bitte sagen Sie mir doch, warum Kinder sterben müssen!«

Auch Eltern, die ihr Kind durch Fehlgeburt verloren haben oder es »still« gebären mussten, das Kind also bereits im Mutterleib gestorben ist und als Leichnam ›zur Welt kommt‹, trauern um ihr verlorenes Kind. Ganz wie die Eltern, deren Kinder schon gelebt haben – sei es für eine lange oder für kurze Zeit. Sie trauern auch um all die verlorenen Lebensträume, die sie mit ihrem Kind verbunden hatten. Aber auch Eltern, die sich zu einem Schwangerschaftsabbruch – medizinisch oder sozial indiziert – entschieden haben, können trauern und müssen sich zudem oft noch mit der Angst auseinandersetzen, vielleicht nicht erneut schwanger zu werden, oder mit dem Vorwurf, einen Tod verursacht zu haben.

Sonja

Sonja war zweiundzwanzig, als sie schwanger wurde. Eine äußerst unpassende Geschichte. Von ihrem Freund konnte sie wenig Unterstützung erhoffen. Eine Entscheidung musste getroffen werden – und zwar ganz allein von ihr. Sollte sie die Schwangerschaft abbrechen oder sollte sie das Kind zur Welt bringen? Schweren Herzens und unter Zeitdruck entschloss sie sich für einen Schwangerschaftsabbruch. Danach würde sie ihr Leben wie ursprünglich geplant fortsetzen können: Reisen, Ausbildung, Freunde – all das würde wieder möglich sein.

Nach einiger Zeit drängten sich Gedanken über das Geschehene immer wieder auf. Es schien, als begegnete sie nur Schwangeren oder jungen Eltern. Ungewollt schossen ihr Gedanken an das ungeborene Kind ein. Sie war sich sicher, an welchem Tag die Geburt hätte stattfinden sollen und dass es ein Junge war. Sie zählte Monate und Jahre, beobachtete andere Kinder und stellte sich vor, wie alt ihr Junge nun wäre, zu welcher Schule er ginge, welches Instrument er lernte, welchen Sport er ausübte und wie er aussähe. Was passiert war, behielt sie für sich. Schließlich versiegten diese ungewollt auftauchenden Erinnerungen. Dafür ging es ihr physisch immer schlechter: Magenschmerzen und Migräne – und kein Arzt konnte etwas finden. Sonja lernte, damit zu leben.

Jahre später starb die Mutter einer Kollegin von Sonja. Um sie zu unterstützen, beschloss sie, auf die Beerdigung zu gehen. Während der Trauerfeier wurde Sonja übel und eine große Traurigkeit überkam sie. Sie fand sich unkontrolliert schluchzen wie kein anderer, nicht einmal die nächsten Angehörigen. Sie war verwirrt und verstand sich selbst nicht. Außerdem fand sie ihr Verhalten peinlich. Schließlich hatte sie die Frau doch gar nicht gekannt. Und in ihrem Leben war doch alles gut geregelt.

Einige Wochen danach lernte sie durch Zufall eine Hebamme kennen, die Selbsthilfegruppen für Frauen leitete, die abgetrieben hatten. Sonja nahm an einem solchen Gruppentreffen teil und setzte sich mit ihrem Schwangerschaftsabbruch und mit der Tatsache auseinander, dass damit ihr Lebenstraum, ein Kind zu haben, auch gestorben war. Sie begann zu ahnen, dass sie während der Trauerfeier gar nicht um die alte Dame, sondern um ihren nie geborenen Sohn geweint hatte. Seit Jahren hatte sie nicht mehr an die Abtreibung gedacht. Und niemand wusste davon. Zu Ehren des ungeborenen Kindes bereitete sie eine Gedächtnisfeier mit den anderen Gruppenmitgliedern vor. Viele Jahre später erst konnte sie so ihr nie geborenes Kind betrauern.

Erfahrungsgemäß wird der Entschluss zu einem Schwangerschaftsabbruch nicht leichtfertig gefasst. Oft steckt die Wahrnehmung dahinter, sich in einer Sackgasse zu befinden. Die Situation lässt vermeintlich keinen anderen Ausweg zu. Erst im Nachhinein wird das Ausmaß dieser Entscheidung wahrgenommen. Zusätzlich zur Trauer über den Verlust löst eine spätere Erkenntnis bezüglich der Irreversibilität der Entscheidung auch Schuldgefühle und Ängste vor möglichen »Bestrafungen« aus, wie die zukünftige Unfähigkeit, erneut schwanger werden zu können, oder die Vorstellung, wie andere Personen auf den Abbruch reagieren könnten.

Trauer über diesen Verlust kommt nicht nur unmittelbar nach einem Schwangerschaftsabbruch vor, sondern auch in späteren Jahren, wenn mehr Zeit zum Nachdenken ist. Schwangerschaftsabbrüche rufen nicht nur in Frauen, sondern natürlich auch in Männern, den Vätern des abgetriebenen Kindes, eine Trauerreaktion hervor.

Außenstehende reagieren auf die Trauerreaktion nach einem Schwangerschaftsabbruch oft mit Unverständnis, da er ja schließlich gewollt war. Betroffene schließen aus diesen Reaktionen eine Gleichgültigkeit oder eine Verurteilung für ihre »Tat«. Tatsächlich werden Schwangerschaftsabbrüche nicht selten moralisch verurteilt – egal, ob es sich um einen sozial oder medizinisch indizierten Abbruch handelt. Diese zusätzliche Schuldzuweisung erweist sich meist als sehr belastend für die Hinterbliebenen und hat nicht selten auch Auswirkungen auf ihre Trauerverarbeitung.

Für Eltern, die den Verlust eines Kindes beklagen, stellt sich auch häufig die Frage nach ihrer Identität.

Herr R.

»Auf einen Schlag war alles aus«, berichtete ein 49-jähriger Mann. Er wusste nicht, ob er sich noch als Ehemann und Vater vorstellen konnte oder sollte. Seine Frau war mit der Tochter, dem einzigen Kind des Ehepaares, auf einer Ausflugsfahrt tödlich verunglückt. Herr R. war verzweifelt. Hatte er nun noch das Recht, sich als Ehemann zu sehen? Oder als Vater? Neben seiner tiefen Trauer setzte er sich andauernd mit der Frage auseinander, ob er nach dem Versterben seiner Frau und Tochter seine Rolle als Ehemann und Vater noch innehatte. Wenn ihn jemand fragte, ob er Kinder habe, was sollte er dann sagen?

Selbstverständlich haben Hinterbliebene, die einen Menschen durch Suizid oder Homizid (Tötung) verloren haben, mit ganz anderen Umständen zu kämpfen als diejenigen, deren Nächste »friedlich entschlafen« sind. Das wissen wir. Hinterbliebene von Mordopfern oder Suizidanten plagen sich oft mit der Vorstellung, wie ihre Nächsten leiden mussten, was sie vor dem Tod wohl noch dachten oder sagen wollten; oder es lässt ihnen der Gedanke, ob und wie sie die Tat möglicherweise hätten verhindern können, keine Ruhe.

Hinterbliebene eines Menschen, dessen Krankheit vor seinem Tod jämmerliches Leiden verursachte, erleben in ihrer Erinnerung an den Verstorbenen nicht selten das übertragene Leiden selbst. Es stellt sich dann aber die Frage nach der Berechtigung: Gehört das Leiden des Sterbenden nicht gerade nur ihm? Und gehört es nicht zu unserer Anpassung, dass wir dieses Leiden dort lassen, wo es hingehört? Ist es nicht vermessen zu denken, wir kennen das Leiden des anderen – auch wenn wir ihm noch so nahestehen?

Aber dennoch können wir keinem der Hinterbliebenen seine Trauer verwehren. Auch die Familie, die ihre 97-jährige Großmutter verloren hat, mag schwer an diesem Verlust leiden.

Sekundäre Verluste

Der Verlust eines Menschen wird als Primärverlust bezeichnet. Mit diesem Primärverlust gehen aber weitere Verluste, nämlich die sogenannten Sekundärverluste einher, die sich aufgrund des Todes der verstorbenen Person ergeben. Dazu gehören der Verlust der sozialen Rolle und unter Umständen auch der Verlust der Identität, wie wir an dem Beispiel des Vaters gesehen haben, der sich fragt, ob er nach dem Tod seines einzigen Kindes immer noch ein Vater ist, und sich nicht sicher ist, wie er auf die Frage »Haben Sie Kinder?« antworten soll.

Außer dem Verlust der Rolle können aber auch finanzielle Verluste als sekundär bezeichnet werden. So zum Beispiel der Fall einer jungen Mutter, die während ihrer »Babypause« ihren Mann verlor. Das fehlende Einkommen ihres Mannes schlug ein beträchtliches Loch in das Familienbudget und ihr deutlichster Sekundärverlust war finanzieller Art.

Nicht zuletzt gehören auch Statusverluste zu den sekundären Verlusten. Man denke zum Beispiel an den hinterbliebenen Partner einer Frau, die eine einflussreiche Position ausfüllte, der sogenannte ›Mann an ihrer Seite‹. Mit dem Tod der Frau steht ihre Position vakant und somit hat auch ihr Partner seine ›Begleitposition‹ verloren.

Am meisten beklagen Trauernde jedoch den Verlust der emotionalen Unterstützung. Aufbauende Worte, eine zärtliche Umarmung oder sexuelle Aktivitäten fehlen. Trauernde sind nun darauf angewiesen, auch mit diesen Verlusten – zusätzlich zum primären Verlust – umzugehen.

Bei allen Verlusten stellt sich dann die Frage, wer diese offengebliebenen Aufgaben nun wahrnehmen soll. 1. Soll der Hinterbliebene die Aufgaben selbst übernehmen? 2. Soll er sie an jemand anders delegieren, oder 3. soll er sie einfach sein lassen und nichts tun? Diese Fragen ergeben sich nun bei allen vakanten Aufgaben, die der Verstorbene nicht mehr ausführen kann. Dazu ein Beispiel.

Frau M.

In einem kleinen oberbayerischen Dorf ist es der Stolz jeden Einwohners, im Sommer den Balkon mit bepflanzten Blumenkästen zu schmücken. Jedes Jahr hatte Frau M.s Ehemann diese Aufgabe übernommen. Nach seinem Tod fühlte sich Frau M. zunächst völlig verloren. Sie, die keinen ›grünen Daumen‹ hatte, konnte unmöglich die Bepflanzung der Kästen übernehmen. Andererseits war es auch keine Option, den Balkon ungeschmückt zu lassen – zu groß war der Druck der Gemeinde. Sie entschloss sich, einen Gärtner zu beauftragen, der diese Pflicht übernahm. Jedes Frühjahr brachte er nun die bepflanzten Kästen und holte sie nach dem ersten Frost wieder ab.

Sekundäre Gewinne

Es sind nicht nur die sekundären Verluste, die man als Folge eines Todesfalls beklagt. Oft gibt es auch die sogenannten sekundären Gewinne, nämlich Umstände oder Dinge, die infolge eines Ereignisses gewonnen werden. Eine provokante Äußerung. Diese sekundären Gewinne sind selten berechnend. Für die meisten Hinterbliebenen ist dies aus moralischen Gründen auch schwierig zu erkennen und zu akzeptieren. Nicht selten fällt es ihnen schwer, dies auszusprechen. Ein deutliches Beispiel aber für einen sekundären Gewinn ist eine Erbschaft, mit der man beispielsweise seine eigenen Schulden abbezahlen kann.

> *Frau L.*
>
> Frau L. hatte nach vierzigjähriger Ehe ihren Mann, einen Unternehmer, verloren. Er war an Krebs gestorben. Die Ehe war nicht wirklich glücklich gewesen, berichtete Frau L. Ihr Mann hatte mehrere langjährige Affären gehabt und seine Ehefrau spüren lassen, dass sie nicht die wichtigste Frau in seinem Leben war, indem er sie finanziell kurzhielt. Beide hatten sich aber der Kinder und des Unternehmens wegen arrangiert und verzichteten auf eine Trennung oder Scheidung. Nach dem Tod von Herrn L. erbte seine Ehefrau sein gesamtes Vermögen. Endlich konnte sie die lang ersehnten Reisen machen und sich mehrere Theaterabonnements leisten. Erst nach langer Zeit konnte sie es aussprechen: »Mir geht's jetzt besser als vorher.« Und dennoch, sie vermisste ihren Mann.

Bezeichnend hier ist, dass Frau L. erst nach dem Eingeständnis ihres nun besseren Lebens auch zum Ausdruck bringen konnte, dass sie ihren Mann trotz allem widerwärtigen Verhalten doch sehr vermisst. Das illustriert die Wichtigkeit, den ganzen Menschen zu betrauern.

Ein anderes Beispiel für einen sekundären Gewinn nicht materieller Art ist die Geschichte von Frau K.

Frau K.

Auch nach jahrelanger Witwenschaft ist die Trauer um ihren Mann für Frau K. noch immer überwältigend. Sie sehnt sich danach, dass ihre Trauer nicht mehr so schwer für sie wiegen möge und sie nicht mehr so einschränke. Auch ihre erwachsenen Kinder sorgen sich sehr um sie und wechseln sich dabei ab, jeden Tag nach Feierabend bei ihrer Mutter vorbeizuschauen und sie am Wochenende einzuladen. Würde es Frau K. besser gehen, verringerte sich womöglich der Kontakt zu ihren Kindern. Sie ›bezahlt‹ diesen Kontakt zu ihren Kindern aber damit, dass es ihr auch weiterhin nicht besser gehen ›darf‹, obwohl sie diesen Wunsch ja eigentlich formuliert.

Diesen Sekundärgewinn bei Trauernden anzusprechen, ist eine heikle Angelegenheit und bedarf auch sprachlich größter Vorsicht. Hilfreich ist dabei, die Formulierung ›angenommen‹ zu verwenden. Auch hierzu ein Beispiel, in dem der Helfer den Trauernden auf sein Vermeidungsverhalten anspricht:

Helfer *(empathisches Validieren der Situation):* »Ich kann sehen, dass es Ihnen immer noch sehr schlecht geht, und ich höre, dass Sie sich wünschen, dass sich das ändert.«

Trauernder: *Beschreibt seine Situation.*

Helfer *(zukunftsgerichtet)*: »Wie wird es denn aussehen, wenn es Ihnen besser geht?«

Trauernder *(hoffnungslos):* »Das wird nie besser. Sie fehlt mir und kommt nicht wieder.«

Helfer *(verstärkt Akzeptanz):* »Ja, es stimmt leider, dass Greta nicht ins Leben zurückkehrt. Und es ist gut nachvollziehbar, dass es Ihnen in dieser Situation so vorkommt, als ob sich das Dunkel, in dem Sie sich befinden, nie lichtet. Angenommen, es gäbe eine Besserung, wie sieht diese dann aus?«

Trauernder: *Beschreibt seine Vision.*

Helfer: »Angenommen – nur einmal angenommen: Was denken Sie, wird verlorengehen oder wird verschwinden, wenn es Ihnen dann wirklich besser geht? Was ist dann anders?«

Trauernder: *Beschreibt die neue Situation.*

Helfer: »Und Ihre Kinder? Was, meinen Sie, wird sich diesbezüglich ändern?

Trauernder: »Tja, dann werden sie abends wieder Tennis spielen und möglicherweise nicht mehr so oft vorbeistoppen.«

Helfer: »Mmh. Diese täglichen Besuche, die würden dann verlorengehen. Klingt, als ob man beides nicht haben kann, Verbesserung *und* tägliche Besuche ...«

Damit öffnet sich die Tür zur Erkenntnis, wie dieser Gewinn, nämlich die häufigen Kontakte mit den Kindern, der gewünschten Besserung im Wege steht. Sicherlich ist es förderlich, bei den Fragen nach einer möglichen Verbesserung keinen Konjunktiv zu verwenden, weil auf diese Weise die Zielvorstellung ohne Wenn und Aber formuliert wird, also: »Wie *wird* es aussehen ...?« Die Fragen nach der erwarteten Reaktion der Kinder sind hingegen im Konjunktiv durchaus angemessen, da diese ja auf einer Annahme der Trauernden beruhen, die möglicherweise inkorrekt ist, also: »Was *würden* die Kinder ...?«

Risiken nach einem Verlust durch Tod

Gesundheitliche Einschränkungen nach dem Verlust

Studien belegen, dass bei Trauernden, die einen nahestehenden Menschen durch Tod verloren haben, sich insgesamt die Inanspruchnahme der medizinischen Dienste erhöht. Häufig leiden die Patienten unter Störungen des Immunsystems. Das Risiko für Krebserkrankungen, Bluthochdruck und andere Herz-Kreislauf-Erkrankungen ist deutlich erhöht, sogar die Sterblichkeitsrate, insbesondere bei männlichen hinterbliebenen Partnern, ist im ersten Jahr nach dem Todesfall höher. Zu den gesundheitlichen Folgen siehe zum Beispiel den Übersichtsartikel von Stroebe, Schut & Stroebe (2007).

Nicht selten klagen Hinterbliebene aber auch über ähnliche Symptome, wie sie die verstorbene Person hatte. Das wiederum weckt Ängste, die durch einen Arztbesuch meist nur begrenzt ausgeräumt werden können, da im Grunde ein Art symbiotisches Festhalten am Verstorbenen vorliegt, das man noch nicht lösen will. Hier können Helfer die Rolle des Zuhörers wahrnehmen und im Zweifelsfall den Hinterbliebenen zum Besuch beim Arzt ermuntern oder begleiten.

Gefahr der Selbstgefährdung oder Wunsch auf Wiedervereinigung?

Wenn Trauernde berichten, dass sie in ihrer Trauer um die ihnen nahestehende Person sich auch vermehrt mit ihrem eigenen Ende auseinandersetzen, bringen sie manchmal zum Ausdruck, dass sie ihren eigenen Tod herbeisehnen, um dann wieder mit dem Verstorbenen vereint zu sein.

Solche Äußerungen können für Angehörige oder Freunde des Trauernden angsterregend sein, weil sie darin im übertragenen Sinn einen Rückzug aus dem Leben oder konkret eine Suizidankündigung vermuten. Meist sind solche Äußerungen aber ein Ausdruck der Sehnsucht, des Verlangens, dem Verstorbenen wieder nahe sein zu können. Man könnte auch sagen, es ist ein Probewohnen im Himmel. Der Umgang mit dem eigenen Tod und dem damit verbundenen Wiedervereinigungsgedanken ist somit auch ein wesentlicher Teil des Umgangs mit ihrer Trauer. Dass es sich meistens um einen solchen Wunsch der Wiedervereinigung handelt und nicht um den Wunsch, selbst zu sterben, illustriert die folgende Begebenheit.

Frau A.

Frau A. ging zur Routineuntersuchung bei ihrem langjährigen Kardiologen. Dort äußerte sie den Wunsch, dass sie wieder mit ihrer verstorbenen Partnerin verbunden sein wolle, indem sie sagte: »Herr Doktor, am liebsten würde ich auch sterben.« Worauf der Kardiologe aufstand, ihr die Türe öffnete und sie fragte: »Was tun wir dann hier? Dabei kann ich Ihnen nicht helfen.« Frau A. entgegnete: »Halt! So schnell schießen die Preußen nicht. Zuerst muss ich mein Leben noch leben.«

Natürlich muss man Äußerungen, die auf Suizid hindeuten, immer ernst nehmen. Insbesondere nach dem Todesfall eines nahestehenden Menschen. Schließlich erhöht sich das Risiko für Suizid besonders im ersten Jahr nach dem Tod des Angehörigen, wenn eine Komplizierte Trauer vorliegt, wie eine Studie von Latham und Prigerson (2004) zeigen konnte. Psychotherapeuten und andere einschlägige Berufsgruppen sind darin geschult, suizidale Pläne zu identifizieren und entsprechende Hilfsmaßnahmen einzuleiten. Gegebenenfalls können ungeschulte Hinterbliebene und Helfer dann mit den entsprechenden Stellen in Verbindung treten, um mögliche bestehende suizidale Absichten zu klären.

Es ist also wichtig, zwischen suizidalen Gedanken oder Plänen auf der einen und Wiedervereinigungsgedanken auf der anderen Seite zu unterscheiden. Bei akuten und konkreten Suizidandrohungen muss im Zweifelsfall der Notruf alarmiert werden. Besser, sich zugunsten der Sicherheit zu täuschen.

Dennoch sind Helfern auch hier Grenzen gesetzt und die Umsetzung eines suizidalen Gedankens kann nicht immer verhindert werden.

3. Umgang mit Tod und Trauer

Memento

Vor meinem eignen Tod ist mir nicht bang.
Nur vor dem Tode derer, die mir nah sind.
Wie soll ich leben, wenn sie nicht mehr da sind?

Allein im Nebel tast ich todentlang
und laß mich willig in das Dunkel treiben.
Das Gehen schmerzt nicht halb so wie das Bleiben.

Der weiß es wohl, dem Gleiches widerfuhr;
– Und die es trugen, mögen mir vergeben.
Bedenkt: Den eignen Tod, den stirbt man nur,
doch mit dem Tod der andern muss man leben.

MASCHA KALÉKO

Verantwortung für das Leben danach

Wenn der Tod eines wichtigen Menschen gezwungenermaßen die Lebenssituation der Hinterbliebenen verändert, stehen diese vor der Entscheidung, wie sie mit der neu entstandenen Situation umgehen. In jeder Hinsicht sei darauf hingewiesen, dass die Gestaltung des Weiterlebens in der Freiheit und der Verantwortung der Hinterbliebenen liegt. Wer sich allerdings für ein Leben mit Verantwortung ausspricht, entscheidet sich damit auch für einen verantwortungsvollen Umgang mit dem Verlust, denn auch er gehört zum Leben. Dabei muss der Hinterbliebene nicht nur die Konsequenzen für die eigene Person bedenken, sondern auch deren Auswirkung auf seine Umgebung, andere Familienangehörige und Freunde.

Im Falle von verwaisten Eltern wird das besonders eindrücklich sichtbar, wenn weitere Geschwisterkinder in der Familie sind. Wenn Vater oder Mutter sich nach dem Tod eines ihrer Kinder aus dem Leben zurückziehen und eine Neuordnung verweigern, so hat das in der Regel Folgen für die anderen Geschwisterkinder. Als Kinder haben sie nur eingeschränkte Möglichkeiten, sich in ihrer eigenen Trauer ›selbstständig‹ zu machen. Eine, wenn auch meist ungewollte Vernachlässigung – emotional oder praktisch –, durch das Trauerverhalten der Eltern bedingt, wird von den Kindern häufig als Strafe zusätzlich zu ihrer eigenen Trauer wahrgenommen. So flehte ein kleiner Junge seine Mutter an: »Du hast doch auch noch mich!«

Bewältigungsstrategien: Akzeptanz und Vermeidung

Grundsätzlich lässt sich unterscheiden zwischen Akzeptanz und Vermeidung der Realität des Verlustes. Beides kann man als Bewältigungsstrategien im Umgang mit dem Verlust bezeichnen.

Dabei kann es im Fall der Akzeptanz zu einer produktiven und positiven Neuordnung des Weiterlebens kommen, und wir sprechen von einer hilfreichen Bewältigungsstrategie. Wiederholendes und anhaltendes Vermeidungsverhalten hingegen steht – langfristig gesehen – einer Neuordnung des Lebens eher im Wege und wir sprechen etwas verkürzt von einer nicht hilfreichen Strategie. Doch ist das nur eine Seite der Medaille, denn die Vermeidung ist zuallererst ein Versuch des Selbstschutzes der eigenen Psyche und somit auch der Selbstbewahrung.

Akzeptanz

Als Akzeptanz bezeichnet man die Annahme des Todes eines Nächsten in Gedanken, Worten und Werken. Hinterbliebene, die ihren Verlust akzeptieren, zeichnen sich dadurch aus, dass sie sprachlich über den Verstorbenen in der Vergangenheit reden, notwendige Veränderungen zum Beispiel im häuslichen Bereich treffen oder dem Verstorbenen tatsächlich den Platz eines solchen einräumen. Sie sagen: »Robert *war* ein lieber Mensch«, gestalten das ehemalige Kinderzimmer in ein Gästezimmer um oder erfreuen sich in der Erinnerung an den Verstorbenen durch seine Fotos – kurzum, sie widersetzen sich nicht der unfreiwilligen Situation, die der Tod ihres Nächsten hinterlassen hat, sondern sie ordnen ihr Leben neu.

Akzeptanz ist meist ein längerer Prozess, der manchmal leichter und manchmal schwerer fällt. Mitunter berichten Menschen aber auch, dass für sie die Akzeptanz eine Entscheidung war, die sie aus einem Moment heraus gut überlegt getroffen und dann umgesetzt haben. Ein Trauernder berichtete, er habe in einem Kaffeehaus gesessen und die Menschen um sich herum beobachtet. Plötzlich habe er bemerkt, wie fröhlich diese alle waren, während er »wie ein Trauerkloß« zwischendrin saß. Da habe er sich gesagt, dass damit nun Schluss sein müsse, und er sei nach Hause gefahren und habe »den Altar« für seine Frau abgebaut.

Studien belegen, dass die Akzeptanz des Verlustes eines Menschen positiv mit der Anpassung an die neue Situation korreliert, was dann wiederum den Leidensdruck verringert und eine erhöhte Lebensqualität zur Folge hat. Falls Trauernde eine Verbesserung ihres Zustandes wünschen, ist es somit hilfreich, mit ihnen an der Akzeptanz des Verlustes zu arbeiten.

Akzeptanz bewirkt auch, dass die innere Repräsentation des Verstorbenen im Denken des Trauernden klar und realistisch geworden ist. Das Selbst, ein »Produkt« der inneren Auseinandersetzung mit den Bezugspersonen, zu denen der Verstorbene natürlich auch nach dem Tode zu zählen ist, wird so ebenfalls klarer und sicherer. Das Abschiednehmen, Begräbnisrituale, Gespräche mit Freunden über den Verstorbenen, das alles hilft, die Beziehungsgrenzen deutlicher zu machen, die Akzeptanz zu fördern und den inneren Kontakt klar und abgegrenzt zu gestalten. Dies ist zum Wohle des eigenen Selbst.

Vermeidung

Grundsätzlich bezeichnet man mit Vermeidung jedes Verhalten und jedes Denken, mit dessen Hilfe die Realität des Verlustes aberkannt wird. Das kann zum Beispiel die Weigerung sein, das Grab des Verstorbenen zu besuchen oder seinen Namen zu nennen. Eine Trauernde berichtete, sie könne sich nicht mehr mit der Tagespolitik beschäftigen, weil das Aussehen eines Politikers sie zu sehr an ihren verstorbenen Mann erinnerte.

Oder aber die Hinterbliebenen beschäftigen sich übermäßig mit der verstorbenen Person oder mit deren Todesumständen. Oft leben diese Hinterbliebenen ihr Leben so weiter, als sei die Person nicht gestorben: Sie belassen die Wohnungseinrichtung, sie halten an ihrem alten, nun obsoleten Tages- und Lebensrhythmus fest, sie decken den Tisch für den Verstorbenen, kochen für ihn sein Lieblingsgericht oder beziehen weiterhin sein Bett.

Eine Mutter, deren neunjähriger Sohn an Krebs gestorben war, konnte für nahezu zehn Jahre sein Zimmer nicht räumen. Alle Spielsachen standen bereit, wenn er »wiederkommen« würde. Wenn sie die Sehnsucht packte, setzte sie sich in sein Zimmer in der Vorstellung, dass er nun jeden Moment von der Schule oder von seinen Freunden zurückkommen würde. Sie vermied die Realität seines Todes, konnte diesen nicht akzeptieren. Die gefühlte Nähe zu ihrem Sohn linderte ihren Schmerz.

Auch diese übermäßige Beschäftigung mit dem Verstorbenen ist eine solche Verweigerung, sich an die neue Situation anzupassen und eine Neuordnung des Lebens in Angriff zu nehmen. Hierbei handelt es sich um eine indirekte Vermeidungsart im Umgang mit dem Verlust, denn in diesem Fall wird die Realität des Verlustes verweigert und der Gedanke an den Tod vermieden. Somit ist auch die Nichtakzeptanz des Verlustes eine Vermeidungsstrategie im Umgang mit dem Verlust.

Das Vermeidungsverhalten als Verweigerung der Neuordnung geschieht meist aus dem Wunsch heraus, die alte Situation zu konservieren. Oder auch wenn die Gewissheit, der Schmerz des Verlustes und die Sehnsucht nach der Verstorbenen nicht ertragen werden können und zum Beispiel die Vorstellung, dass die Verstorbene nun unter der Erde liegt, den Hinterbliebenen zu sehr verstört.

Vermeidung ist, wie weiter oben schon angesprochen, zuallererst ein Schutzversuch, wenn die Psyche die volle Wucht des Verlustes nicht fassen und verarbeiten kann. Trauerberater und -therapeuten tun gut daran, die in der Vermeidung angelegte Abwehr der emotionalen Überschwemmung zu respektieren und zunächst sogar zu unterstützen. Wer vermeidet, tut etwas Bewahrendes für sich, und das ist ein vitaler Akt.

Natürlich kommt der Zeitpunkt, wenn einseitig defensive Schutzmechanismen zur Diskussion zu stellen sind, doch immer mit dem nötigen Respekt gegenüber der Selbsteinschätzung und der Verantwortung des Trauernden für sich selbst: *Honour your resistances!*

Herr B.: kurzfristiger Vorteil – langfristiger Nachteil

Auf dem Weg von zu Hause zur Arbeit muss Herr B. an dem Pflegeheim vorbeifahren, in dem seine Mutter verstarb. Bei jedem Vorbeifahren wird seine Trauer reaktiviert, er fühlt sich einfach schlecht, was sich später negativ auf seine Arbeit auswirkt. Herr B. beschließt, von nun an einen anderen Anfahrtsweg zu wählen.

Herr B. umgeht damit den Schmerz, den er empfindet, wenn er an den Tod der Mutter erinnert wird. Diese Vermeidungsstrategie hilft ihm zwar kurzfristig, auf Dauer aber ist sie kraftraubend und einschränkend. Für Herrn B. heißt das, dass er jeden Morgen deutlich früher von zu Hause losmuss, da er nun einen Umweg fährt. Jedes Mal ärgert er sich, weil er dadurch das Frühstück mit seiner Familie verpasst.

Lange Zeit war Vermeidung als Bewältigungsstrategie in Fachkreisen verpönt. Erst vor kurzem hat man sich diesem Thema differenzierter gewidmet. Wird die Strategie des Vermeidens punktuell und gezielt eingesetzt, so kann sie durchaus von Vorteil sein.

Sollte Herr B. an einem bestimmten Tag den Weg am Pflegeheim vorbei vermeiden, weil er ein wichtiges Gespräch mit dem Chef führen muss, kann er seinen Fokus auf dieses Gespräch richten und muss sich nicht mit den Erinnerungen an den Tod seiner Mutter auseinandersetzen. In diesem Fall kann seine Vermeidung eine hilfreiche Strategie sein. Der Unterschied besteht also darin, dass Herr B. eine Wahl hat und diese Strategie gezielt und bewusst einsetzt. Er ist seinem Vermeidungsverhalten nicht ausgeliefert.

Hierzu eine kleine Analogie: Stellen Sie sich einen Piloten vor, der jeden Morgen vor seinem ersten Flug nicht nur einmal, sondern gleich dreimal sein Flugzeug überprüft. Natürlich würden wir alle lieber mit ihm fliegen als mit dem anderen Piloten, der nur einmal hinschaut. Wenn aber unser erster Pilot abends heimkommt und seine Kinder anhält, mit ihm noch dreimal die Hausaufgaben durchzugehen, dann wird er von denen eher Gegenwind bekommen. Was in einem Fall passt, ist im anderen Fall nicht immer angebracht.

Vermeidung mit dem Zweck der Loyalität

Manchmal entscheiden sich Hinterbliebene ganz bewusst dafür, den Verlust des Nächsten nicht anzuerkennen. Sie versuchen sich im Spagat zwischen Vergangenheit und Gegenwart, der Soll-Zustand (»So wie es mal war, will ich es wiederhaben«) wird konstant mit dem Ist-Zustand (»So wie es jetzt ist, mag ich es nicht«) verglichen. Da das Ergebnis des Vergleichs unerwünscht ist, wird die Realität der Gegenwart vermieden und das Leben so weitergelebt, als ob es den alten, gewünschten Zustand noch gäbe. Das erlaubt es dem Trauernden, dem Verstorbenen gefühlt näher zu sein.

Andererseits stellen wir immer wieder fest, dass Patienten zwar klar sagen, dass sie eine Verbesserung ihrer Situation wünschen, den Verlust der nahestehenden Person wollen sie aber nicht akzeptieren. Sie leben ihr Leben weiter, als ob die verstorbene Person noch lebte. Sie vermeiden also den Gedanken an ihren Tod. Oft stellt sich dann heraus, dass sie dies tun, weil sie es dem Verstorbenen vermeintlich »schulden«. In ihrer Auffassung handelt es sich um einen Verrat an dem Verstorbenen oder um eine Untreue, wenn sie ihre neue Situation annehmen. Sie sagen, sie hätten kein »Recht«, ohne die Person weiterzuleben, und schon gar kein Recht, »Gefallen« an dem neuen Leben zu finden. Gewöhnlich hilft eine Diskussion mit dem Ziel, den Trauernden vom Gegenteil zu überzeugen, nicht. Auch hier kann die oben genannte Gesprächsführung mit der Formulierung »angenommen« hilfreich sein (siehe den Abschnitt »Sekundäre Gewinne« im vorigen Kapitel).

Vermeidung durch Tabuisierung

Das Thema Sterben, Tod und Trauer polarisiert zwischen Faszination und Abwehr. Wenn wir – die Autoren – in sozialen Situationen manchmal gefragt werden, was wir beruflich tun, antworten wir: »Wir beschäftigen uns mit Tod und Trauer.« Dann endet das Gespräch auch meistens recht abrupt. Wir bemerken eine Scheu gegenüber diesem Thema und gleichzeitig eine Neugier im Gesicht unseres Gegenübers.

Angesichts der heutigen Bedrohungen durch Krieg, Terrorismus und Gewalt, möglichen Pandemien und anderen Krankheiten, sind wir potentiell eigentlich ständig dem Tod nah. Das unterscheidet uns auch nicht von unseren Vorfahren. Obwohl wir immer wieder sagen, dass der Tod zum Leben gehört und wir alle einmal sterben müssen, so leben wir doch oft unser Leben, als ob es unendlich wäre. Menschen, die selbst einmal dem Tod ins Auge geblickt haben, berichten uns, wie ihr Leben sich dadurch veränderte. Sie setzen ihre Prioritäten neu, verbringen ihre Zeit bewusster, gehen in anderer Weise mit sich und ihren Mitmenschen um; sie sagen, sie lebten anders und sie wären anders. Manchmal feiern sie einen zweiten Geburtstag. So berichtet ein Familienvater, der früher als Workaholic gegolten hatte, nach einem schlimmen Verkehrsunfall, bei dem er lebensgefährlich verletzt worden war, dass er seither keine Überstunden mehr mache, sondern seine freie Zeit nun lieber mit der Familie verbringe.

Im Alltag gibt man sich redlich Mühe, den Tod nicht beim Namen zu nennen. Traueranzeigen geben oft Aufschluss, wie wir über Sterben und Tod denken. Wir lesen dann von Menschen, die ›entschlafen‹ oder ›gegangen‹ sind, und umgehen somit die Härte der Realität. Diese Redewendungen versuchen den Schmerz zu lindern und die Endgültigkeit des Geschehenen zu mildern. Vor einiger Zeit war in einer Traueranzeige zu lesen: »Plötzlich und unerwartet verstarb unsere liebe Urgroßmutter [...] im Alter von 97 Jahren.« Es mag ja sein, dass der Tod immer zu einem unpassenden Zeitpunkt kommt, aber »unerwartet« im Alter von 97 Jahren? Wo denken wir hin? Methusalem? Wir nennen Schlaf den ›kleinen Bruder‹ des Todes und verkennen damit gänzlich den Charakter des großen Bruders. Wie können wir uns mit Trauer beschäftigen, wenn wir den Tod auslassen?

Nicht umsonst äußerte Murray Bowen, ein bekannter amerikanischer Familientherapeut, einmal, dass wir es in unserer westlichen Gesellschaft im Wesentlichen mit drei großen Tabus zu tun haben: Sex, persönlichen Finanzen und Tod. Führend dabei, so sagte er, sei der Tod (vergleiche Papero, 1990).

Tatsächlich kann man an vielen Dingen beobachten, wie wir das Thema Tod tabuisieren. Wir weisen den Tod aus unserem Leben aus: sprechen nicht über ihn, lassen bestatten, ohne selbst beteiligt zu sein, distanzieren uns von Trauerritualen, die uns lange Zeit gute Dienste geleistet haben, oder nehmen uns oft wenig Zeit für den Abschied von den Verstorbenen, denn die nächste Geschäftsreise ist schon geplant, der Urlaub gebucht oder die Wohnungsrenovierung vorbereitet.

Irvin Yalom (2010) weist darauf hin, dass diese Tabuisierung des Todes nicht nur im allgemeinen Leben der Menschen stattfindet und psychische Schwierigkeiten auslöst, sondern dass diese Tabuisierung sogar auch durch die Therapeuten fortgeführt wird. In ihren Theorien von den Faktoren, die für die Entwicklung gesunder oder belasteter Psychen verantwortlich sind, spielt das Bewusstsein über den Tod keine Rolle. Wie sonderbar!

Was hat es mit dem Tod auf sich, dass wir uns nicht hinwagen, nicht einmal in Gedanken? Wir markieren unsere Kalender mit allen tatsächlichen und möglichen Terminen: Geburtstage, Geschäftsreisen, Feiertage, Verwandtenbesuche; aber es scheint uns nicht in den Sinn zu kommen, dass wir jedes Jahr einmal an unserem späteren Todestag ›vorbeileben‹. Natürlich können wir diesen Tag nicht erahnen; aber wir vermeiden den Gedanken, dass einmal einer dieser 365 Tage im Kalender als unser Todestag markiert wird. Werdende Eltern gehen zu Geburtsvorbereitungskursen, um zu lernen, was ihnen und ihrem Kind während der Geburt guttut. Eher selten haben wir von einem »Sterbevorbereitungskurs« gehört, obwohl beides, Geburt und Sterben, den Anfang beziehungsweise das Ende unseres Lebens markieren. Sterben lernen.

Zu den wenigen Ausnahmen, in denen bewusst auf den Tod hingelebt wird, gehört die Hospizbegleitung. Aber auch dieses Angebot wird längst nicht von vielen Menschen wahrgenommen. Selbst im Angesicht des Todes wird die darin enthaltene Realität oft noch vermieden. Hier könnten sich eine bewusste Lebensweise, aber auch eine größere Präsenz der Hospizvereine und ein besserer Zugang zur Palliativmedizin bestimmt sinnvoll auswirken.

Die Vorbereitung auf das Sterben durch religiöse Lehren scheint im Zeitalter der Säkularisierung nicht mehr die Wirkung zu haben, die unseren Vorfahren zugutekam. Was jetzt fehlt ist ein weltlicher Zugang zur Akzeptanz von Endlichkeit, der nicht an Heilsversprechen, Auferstehung und ähnliche religiöse Mythen – man mag sie glauben oder nicht – geknüpft ist.

Doch auch wenn wir Vorbehalte gegenüber der Vermeidung, dem Tabuisieren formuliert haben, so wollen wir noch einmal die Funktion der Vermeidung erwähnen. Vermeidung schützt und schont, und der Trauernde weiß am besten, wie viel Vermeidung und wie viel Konfrontation mit der Realität des Verlustes er sich selbst eigenverantwortlich zumuten kann und will.

Noch ein weiterer Aspekt: Stellen Sie sich vor, man würde mit der Umsetzung der Menschenrechte auch im Kleinen, in den alltäglichen Kontakten, radikal ernst machen. Das würde bedeuten, dass für jeden Menschen die individuell gewachsene Form des Umganges mit bestimmten Lebenssituationen respektiert würde, also auch seine Art zu trauern.

Könnte das bedeuten, dass unter Anerkennung der individuellen Einmaligkeit jedes Menschen in Raum, Zeit und der ganz persönlichen Phänomenologie seines Schicksals ihm in der Begegnung grundsätzlich Respekt und Interesse für seine Art des Umgangs mit

Verlust und Trauer entgegengebracht würde? Ehrlich und echt und nicht als Methodik oder Technik, die letztlich den Gesprächspartner doch dazu bewegen soll, seine Art zu trauern aufzugeben und die vermeintlich bessere des Helfers anzunehmen? Dass auf eine Bewertung im Sinne von Richtig oder Falsch, auf jede Art von Eingriff in die Eigenverantwortung für die Gestaltung des eigenen phänomenologischen Kosmos des Erlebens völlig verzichtet wird.

Das ist eine Herausforderung für den Therapeuten, der sich somit auf einem schmalen Grat bewegt – sein Therapieauftrag einerseits und die Anerkennung seines Patienten andererseits. Dies schafft für den Patienten jenen Raum, in dem erst sein eigener Wunsch entstehen kann, sein Erleben und Verhalten zu verändern. Der Therapeut wird interessiert nachfragen, wie sein Patient sich Grenzen für die Lösung seines Problems setzt und wie er sich selbst (und sein Selbst) daran hindert, die Überwindung dieser Grenzen zu testen. Die Verantwortung dafür wird stets unabdingbar beim Patienten gelassen. Echte Begegnung statt Beeinflussung? Stellen Sie sich das einmal vor … zwischen Trauerndem und Berater ebenso wie zwischen Lesern und Autoren.

Aufhebung des Tabus und Trauer im Vergleich

Trotz all der Versuche, den Tod zu ignorieren, scheint unser Interesse, gemessen an der Anzahl der Veröffentlichungen über Sterben, Tod und Trauer, doch zu wachsen. Seitdem Sigmund Freud mit seinem berühmten Aufsatz »Trauer und Melancholie« im Jahr 1917 die Neugier der Wissenschaft und der allgemeinen Öffentlichkeit endgültig entfachte, widmet sich die Forschung zunehmend diesen Themen. Auch die Publikationen für eine breite Öffentlichkeit haben zugenommen. Allen voran verdanken wir es den Beiträgen von Elisabeth Kübler-Ross, einer schweizerischen Psychiaterin, die in die USA emigriert war und in den sechziger Jahren des letzten Jahrhunderts in ihren Büchern eingehend über Sterben und Tod berichtete (s. Kapitel 1, den Abschnitt »Stufenmodell«). Mit ihrer sprachlichen Kunst verstand es Kübler-Ross, schwierige Inhalte allgemeinverständlich zu formulieren und somit zur Enttabuisierung des Themas Sterben, Tod und Trauer beizutragen.

Heute füllen persönliche Erfahrungsberichte von Hinterbliebenen über Tod und Trauer die Regale der Buchhandlungen und Seiten des Internets. Oftmals setzen sie sich mit Einzelschicksalen auseinander und berichten, wie einzelne Trauernde »tapfer«, »kreativ« oder »nach vorn schauend« mit ihrer Situation umgegangen sind. Die allgemeine Freizügigkeit im Umgang mit Verlust und Trauer für den Einzelnen erlaubt nicht nur einen sehr individuellen Umgang mit Trauer, sondern es besteht auch die Möglichkeit, mit diesen persönlichen Themen an die Öffentlichkeit zu gehen. Auch auf diesem Weg wurde dieses Thema trotz seiner Tabuisierung mehr salonfähig.

Nach der Lektüre solcher Berichte vergleichen Trauernde sich häufig mit anderen Trauernden. Doch Trauer lässt sich nicht vergleichen. Während die einen von diesen Berichten profitieren, werden andere leider oft niedergeschlagen, weil sie glauben, nicht »richtig« zu trauern. Sie berichten, sie hätten ein Buch gelesen, in dem der Autor oder die Autorin bestimmte Dinge tat, um mit seiner oder ihrer Trauer umzugehen, die sie, die Leser, nicht getan haben.

Sie lesen zum Beispiel, dass andere Trauernde anscheinend unmittelbar und unverblümt zu ihrer Alltagsroutine übergehen konnten, neue Partner wählten oder weitere Kinder gebaren, während für sie selbst die Welt immer noch auf dem Kopf steht und der Boden unter ihren Füßen weggerissen ist. Für sie ist nichts mehr wie vorher und sie wissen nicht, wie sie ihren Alltag bestreiten sollen. Sie brechen zu allen Gelegenheiten in Tränen aus oder können gar nicht über ihren Verlust reden. Sie sind wie gelähmt, während die Aktivität der anderen nicht aufzuhalten ist. Im Vergleich mit anderen Hinterbliebenen schneiden sie in ihrer Sicht immer schlechter ab. Sie glauben, etwas falsch gemacht zu haben, und fühlen sich als Versager in ihrer Trauer.

Tatsächlich kennt Trauer weder Erfolg noch Versagen, denn es gibt weder ein Patentrezept noch eine Einheitslösung. So lässt sich sagen – mit großem Respekt für die Autoren und Autorinnen jener Bücher –, dass deren Lektüre leider oft auch das Gegenteil von dem bewirkt, was beabsichtigt war.

Andere Trauernde sind besorgt, weil sie die erwarteten Anzeichen und Ausdrücke der Trauer, die andere zeigen, bei sich nicht wahrnehmen. Auch ihnen sei gesagt: Keine dieser Reaktionen ist besser oder schlechter, eher richtig oder falsch als die andere. Sie sind lediglich *verschieden*. Obwohl die Trauer von der jeweiligen Kultur der Menschen beeinflusst wird und man somit große Ähnlichkeiten erwarten könnte, verblüffen doch die Unterschiede der Trauerreaktionen.

Im Gespräch mit den Betroffenen stellt sich dann aber oft heraus, dass der Vergleich mit anderen Trauernden eine Suche nach einer Norm für Trauer ist. Es wird eine Unsicherheit deutlich, wie sie mit ihrer Trauer umgehen dürfen oder »sollen«. Sie sehen sich mit den Erwartungen der Außenwelt konfrontiert, die von ihnen einen anderen Verlauf des Trauerns verlangt. Diese Unsicherheit, ob man es doch wohl »richtig« machen würde, kann aber auch eine ganz normale Folge des Trauerprozesses sein. Die Prozesse, die das Selbst bilden, sind in einer solchen Phase labiler und anfälliger. Man ist sich als Trauernder, der Verluste zu verkraften hat, auch der anderen Beziehungen nicht mehr so sicher. Das schwächt das Selbst. Die externen Regeln haben sich aufgelöst und fehlen den Trauernden im Umgang mit ihren internen Turbulenzen. Am Ende steht dann für sie die Wahrnehmung des eigenen Versagens: Ich weiß nicht, wie man richtig trauert. Ich mache dabei etwas falsch.

Besteht dann die Aufgabe der Bezugspersonen, aber auch der Berater nicht vor allem darin, das Sosein der Trauernden und ihr subjektives Erleben zu unterstützen, indem ihre Form des Umganges mit der Situation gewürdigt und anerkannt wird? Anstatt dass zu der trauerbedingten allgemeinen Verunsicherung noch ein persönliches Versagen im Trauerprozess indirekt unterstellt wird? Ist es nicht so, dass das, was Trauernde am meisten brauchen, die Selbstunterstützung für ihr Sosein, Sofühlen und Sohandeln ist?

Die im Gespräch vermittelte uneingeschränkte Akzeptanz für ihre Art zu sein kann ein Modell für stabile Beziehungen sein, was natürlich *nicht* mit uneingeschränkter Übereinstimmung mit allen Werten und Ansichten zu verwechseln ist. Akzeptanz und Selbstakzeptanz heißt ja, die Verschiedenheit zuzulassen und anzuerkennen. Die Verschiedenheit muss nicht aufgehoben werden, um sich gegenseitig wertschätzen zu können.

4. Auseinandersetzung mit dem Tod und dem Danach

Trauerarbeit ohne die ultimative Sinnfrage in Bezug auf den Tod und sein Danach wäre inkomplett. Denn wie kann man mit Trauer umgehen und den Tod ignorieren? Irgendwann ergibt sich dann doch die Frage: »Was bedeutet Tod für mich?«, und vielleicht auch die Frage: »Kommt etwas nach dem Tod und was ist das?« Aber die Frage des ›Danach‹ stellt sich nicht nur in Bezug auf die Verstorbenen, sondern auch für die Hinterbliebenen: »Was kommt für mich in meinem jetzigen Leben nach einem solchen Verlust? Wie wird es sein, wenn meine Stunde schlägt? Hat mein Denken darüber Auswirkungen auf mein Leben bis dahin?«

Ob es ein Leben nach dem Tod gibt, ist für viele spekulativ. Was wir aber mit (einiger) Sicherheit sagen können, ist, dass es ein Leben vor dem Tod gibt. Mit dem Ausdruck in Klammern soll ein Wortspiel angedeutet werden, wonach im Trauernden unter Umständen ein Wunsch zum Ausdruck kommt, sich selbst auch nicht mehr frei leben zu lassen – vielleicht um einen Ausgleich für das vermeintliche Unrecht zu schaffen, dass man selbst lebt, während der verlorene Mensch eben tot ist. Daher also die Anspielung, dass wir nur mit »einiger« Sicherheit sagen können, dass es ein Leben vor dem Tode gibt…

Wie aber kann man nun mit dem ›Leben vor dem Tode‹ umgehen – in Zeiten der Trauer? Welche Formen der Gestaltung finden Menschen, um als Trauernde zu ihrem eigenen Leben gleichsam zurückzufinden?

Der Gedanke an den eigenen Tod ist häufig verbunden mit dem Verlust eines nahestehenden Menschen. Es scheint, als ob durch diesen Verlust der eigene Tod oft realistischer wird. Viele Hinterbliebene, insbesondere Menschen in der zweiten Lebenshälfte, setzen sich dann mit ihrem eigenen Ende auseinander und bauen damit die Tabus für sich etwas ab. Zum Teil bereiten sie sich auch ganz konkret auf ihren Tod vor. Bestattungsinstitute und Friedhofsgärtner berichten vermehrt von Bestattungs- und Grabpflegeaufträgen durch Menschen, die ihre eigene Bestattung beziehungsweise den Grabschmuck oder die Grabpflege planen – entweder weil sie niemandem zur Last fallen wollen oder weil sie ganz spezifische Wünsche haben.

Angst vor Sterben und Tod

Zur Auseinandersetzung mit dem Tod gehört auch die Auseinandersetzung mit den dazugehörigen Gefühlen. Dabei empfinden viele Menschen das Eingeständnis von Angst als Schwäche. In Wirklichkeit beschützt uns diese Todesangst aber vor dem Tod. Hätten wir sie nicht, würden wir aus dem Fenster des fünften Stocks springen, wenn wir in Eile sind, nur um schnell unten anzukommen. Die Angst vor dem Tod bewahrt uns davor. Wir nehmen dann doch lieber die Treppe.

Erfahrungsgemäß ist es aber weniger die Angst vor dem Tod, die die Menschen umtreibt. Bietet man den Raum zum Gespräch über dieses Thema an, berichten viele Menschen, dass es die Angst vor dem Sterben oder dem ›Übergang‹ ist, den sie fürchten. Die Abwesenheit der Angst vor dem ›Totsein‹ begründen die meisten mit ihrer religiösen beziehungsweise spirituellen Überzeugung in der Erwartung, an einem ›besseren Ort‹ zu sein; oder aber mit der von ihnen so verstandenen Tatsache, dass nach dem Eintritt des Todes sowieso alles im Nichts endet und sie dann entsprechend von nichts mehr Notiz nehmen.

Die Angst bezieht sich somit meist auf das ›Totwerden‹, also den Sterbeprozess. Es ist die Angst vor dem Erleben dieses Prozesses: sei es die Angst vor den körperlichen Schmerzen, vor dem Abschied von der Familie oder vor dem Alleingelassensein in einer fremden Umgebung, zum Beispiel dem Krankenhauszimmer.

Allerdings berichten Patienten auch von ihrer Angst, in einem geschlossenen Sarg liegen zu müssen, oder von der Angst vor dem Verwesungsprozess oder der Kremation. Diese Ängste basieren aber auf Erfahrungen, die nur Lebende machen, und können meist durch das Verständnis reduziert werden, dass nach dem Tod andere Gesetzmäßigkeiten eintreten. Es zeigt auch deutlich auf, dass unser Denken immer nur innerhalb jedes individuellen Erfahrungsspektrums, also innerhalb der eigenen phänomenologischen Welt, Vorstellungen über den Tod entstehen lassen kann. Während wir leben, denken wir darüber nach, wie es sein könnte, tot zu sein, haben dabei aber nur die Vorstellungswelt der Lebenden zur Verfügung. Alles andere ist uns grundsätzlich nicht zugänglich – denn die Vorstellungen vom Tod müssen immer die Vorstellungen sein, die sich die Lebenden davon machen.

Ängste vor Schmerzen, wie sie im Prozess des Sterbens auftreten mögen, können mit medizinischem Personal oder Palliativmedizinern besprochen werden. Es ist allerdings unsinnig, hier Versprechungen zu machen, was da kommen mag oder nicht. Also ist es mehr als normal, dass eine Restangst bestehen bleibt.

Es ist wichtig, all diese Ängste anzuerkennen. Aussagen wie: »Ach, das spürt man dann eh nicht mehr«, sind Gesprächsstopper und vermitteln den Eindruck, dass die Gefühle ungültig seien oder nicht zum Ausdruck gebracht werden dürften.

Generationenwechsel

Noch näher rückt das Thema des eigenen Todes, wenn der Verlust der geliebten Person einen Generationenwechsel verursacht, das heißt, wenn nach einem Todesfall nun ein überlebendes Familienmitglied die neue Generation der Ältesten anführt. Dann werden nicht nur die vielen Abschiede in der Vergangenheit erinnert, mit denen wir uns auseinandersetzen müssen, sondern auch unsere eigene Endlichkeit wird gewissermaßen mit Wucht an uns herangetragen. Wer ist der Nächste, der stirbt? Und wie wird das dann sein, wenn dieser Vorgang nicht am anderen beobachtet wird, sondern selbst an sich erlebt wird?

Helga

Obwohl es absehbar war, dass nach dem Tod des Vaters auch der der Mutter nicht lange auf sich warten lassen würde, war es doch ein Schock für die ganze Familie, als die Nachricht aus dem Pflegeheim kam. Zur Beerdigung kamen alle zusammen. Die drei erwachsenen Kinder der Verstorbenen hatten die Organisation der Beerdigung übernommen.

Als sie aber nun alle am offenen Grab standen, wurde es Helga erst so richtig bewusst: Die Mutter war die Letzte ihrer Generation gewesen. Nun war sie selbst die Älteste der neuen Generation der Ältesten. Die Erinnerungen an all die Familienfeiern meldeten sich. Die Gewissheit, dass diese unweigerlich zur Vergangenheit gehörten und nun eine ganze Generation fehlte, versetze Helga einen gehörigen Schreck. Wenn die Natur ihren ›korrekten‹ Lauf nahm, dann würde sie die Nächste sein, für die sich die Familie um ein Grab versammelte.

Diese Gedanken waren unerwartet. Mit dem Tod der Mutter umzugehen, war die eine Sache, ihrem eigenen Tod ins Gesicht zu blicken, eine ganz andere. Sie sah auf ihre Kinder und stellte sich vor, wie diese einmal an ihrem Grab stehen würden. Keine Frage, sie musste sich nun mit ihrem eigenen Tod auseinandersetzen.

Raum für Gespräche

Menschen, die sich mit ihrem eigenen Tod auseinandersetzen, erwähnen oft, wie erleichternd es für sie sei, dass ihnen gewährt wird, laut darüber nachzudenken. Eine Patientin berichtete, dass sie ihrem Sohn noch nie so nahegestanden habe wie in der Zeit, in der sie mit ihm ihre Trauerfeier plante. Wenig später starb sie eines natürlichen Todes. Der Sohn berichtete später, dass auch ihm durch diese Planung seine Mutter noch einmal näherrückte. Die Gespräche über ihren Tod und ihre Bestattung kreierten eine zuvor nie da gewesene Nähe zwischen den beiden, die für den Sohn später hilfreich im Umgang mit seiner Trauer war.

So können für beide, Sterbende und Trauernde, Gespräche über Sterben und Tod hilfreich sein. Sie erlauben, die eigenen Vorstellungen und Ängste über den Tod und die Trauer zu reflektieren und zu äußern. Es ist daher wichtig, den Raum für diese Themen zu gewähren. Das Vermeiden der Auseinandersetzung mit dem Tod, um die damit verbundene Angst nicht spüren zu müssen, mag sich später rächen.

5. Spezielle Formen von Trauer

Genauso wie wir es mit unterschiedlichen Todesursachen oder mit verschiedenen Beziehungen zu den Verstorbenen zu tun haben, unterscheiden sich auch die Formen der Trauer. Wenn man normale Trauer am besten als eine Trauerreaktion beschreibt, die in ihrer Dauer und Intensität innerhalb der zu erwartenden kulturellen Normen liegt, dann werden als anormale Trauer hingegen diejenigen Trauerreaktionen bezeichnet, die hinsichtlich ihrer Dauer, ihrer Erscheinungsformen, ihrer Abläufe und Intensität außerhalb dieser Normen liegen. Nicht oft genug kann in diesem Zusammenhang betont werden, dass sich die ›Normierung‹ ausschließlich auf die gesellschaftliche Einstimmung auf das Übliche bezieht und keinesfalls eine Unterscheidung von ›Richtig‹ und ›Falsch‹ beinhaltet. In der alltäglichen sozialen Interaktion wird der Begriff »Norm« jedoch oft unscharf oder missverständlich verwendet.

Obwohl bei den meisten Menschen die Trauer »normal« verläuft, so nimmt Trauer doch gelegentlich Formen an, die aus dem sogenannten Normalbereich ausscheren. Nachdem im letzten Jahrhundert die Trauerforschung aus der Theologie auch in das Gebiet anderer Wissenschaften emigriert ist, befand sich geografisch gesehen die Forschungshochburg hauptsächlich in den USA. Zwei Weltkriege, Koreakrieg, Vietnamkrieg, Holocaust, Völkermorde und andere internationale und nationale Tragödien lieferten genügend Grundlagen.

Dabei wurde Trauer nun differenziert betrachtet. Variationen und verschiedene Verlaufsformen von Trauer wurden beschrieben und benannt. Offensichtlich gibt es bei diesen Trauerformen teilweise starke Überschneidungen. So herrscht noch heute Uneinigkeit bezüglich der Beschreibung dieser Konstrukte, denn die meisten dieser speziellen Trauerformen sind nicht oder nur teilweise empirisch belegt. Dennoch erweisen sie sich als hilfreiche Beschreibungen für Trauernde.

Antizipatorische Trauer

Lindemann beschreibt 1944 diese Trauer als eine Reaktion auf einen bevorstehenden, zu erwartenden Tod eines nahestehenden Menschen. Trauernde setzen sich schon vor dem Sterben mit dem Verlust auseinander. Häufig wird diese Form von Trauer von Menschen berichtet, deren Angehörige nach langem Leiden verstorben sind. Man könnte dann auch von einer Art Abschied in Raten sprechen, wenn die Eigenschaften und Handlungen eines Menschen, die einem besonders wichtig waren, von diesem nicht mehr kommuniziert beziehungsweise durchgeführt werden können. Die Altersdemenz ist dafür ein besonders drastisches Beispiel, aber auch krankheitsbedingte Bettlägerigkeit, eine mit der physischen Erkrankung einhergehende psychische Erkrankung oder eine andere Art von schwerer Behinderung, die dem Tod vorausgeht.

Und sind wir Menschen im Grunde nicht ständig in der Position uns von irgendetwas, von irgendjemandem verabschieden zu müssen – allem voran von den Menschen, in kleinen, oft unbeachteten Momenten? Denn niemand kann wissen, ob der flüchtige Kuss, bevor der Partner sich auf den Arbeitsweg macht, nicht der letzte war … Oder in solch alltäglichen Augenblicken, in denen wir unsere Kinder in den Kindergarten, die Schule oder in ihr eigenes Leben verabschieden oder wir ganz nachlässig am Morgen die Haustür hinter uns schließen.

Letztendlich aber müssen wir selbst uns von unserem Leben verabschieden – und von allen und von allem, was immer dazugehören mag. Die Mahnung der Weisen klingt im Ohr, möglichst jeden Abschied so zu begehen, als wäre es der letzte. Diese Haltung kann das Leben so färben, dass die gegenwärtige Anerkennung seiner Endlichkeit seinen unfassbaren Wert prägnant hervorstechen lässt und ihn ständig präsent erhält.

Gewiss, manchmal kollidieren diese vorgezogenen Abschiede mit dem kulturell-sozialen Wertsystem, das die individuelle Gestaltung der Trauerprozesse nicht akzeptieren will.

Ein Beispiel dafür ist Anna.

Anna

»Ich war wie vor den Kopf geschlagen«, sagte Anna, als sie berichtete, wie sie von der Diagnose ihres Mannes erfuhr. Es war von Anfang an klar, dass es ein langer, mühevoller Leidensweg für alle werden würde. Doch dass es mehr als zwanzig Jahre werden würden, hatte doch niemand geahnt.

Anna sorgte für ihren Mann mit allen ihr zur Verfügung stehenden Mitteln und Kräften. Obwohl es für Anna ein großes Loch in ihre Finanzen riss, verlegte sie ihren Mann schweren Herzens in ein ortsansässiges Pflegeheim, als sie die Pflege nicht mehr selbst »stemmen« konnte, wie sie es selbst formulierte. Hier konnte er von Angehörigen täglich besucht werden. Annas Besuche im Heim wurden immer seltener. Der Mensch, den sie dort vorfand, hatte mit ihrem Mann und ihrer großen Liebe von damals nichts mehr zu tun. Fast war er ein Fremder geworden, wohl bekannt zwar, aber eben sehr anders, nicht mehr vertraut.

Allerdings erlaubte ihr die Lösung mit dem Pflegeheim auch, endlich wieder Luft zu schnappen. Sie lernte einen attraktiven, deutlich jüngeren Mann kennen, mit dem sie auch bald eine Liebesbeziehung einging. Nach all den Jahren fühlte sie sich wieder jung und frisch.

Als ihre Kinder von dieser Verbindung erfuhren, machten sie ihr schwere Vorwürfe: Den Verrat am Vater, die Nichteinhaltung der seither so geschätzten christlichen Werte und die Geheimniskrämerei ihnen gegenüber verbunden mit dem Vertrauensbruch konnten sie nicht verstehen. Eine Aussprache war aber nicht möglich. Als Annas Mann starb, waren sie und ihr Partner schon lange ein Paar. So sehr, dass Anna ihren Partner dem Bestattungsunternehmer als ihren ›anderen Mann‹ vorstellte. Nach dem Tod ihres Mannes erholte sich Anna dem Anschein nach schnell. Ihre Trauer war nach außen hin nicht sichtbar. Innerlich hatte sie sich schon längst von ihrem Mann verabschiedet.

Unerwartete Trauer

Parkes und Weiss (1983) verstehen darunter die Reaktion auf einen unerwarteten Tod, wie Unfalltod, Mord oder Suizid. Die nach außen hin sichtbare Trauerreaktion tritt aufgrund der damit verbundenen Fassungslosigkeit und Ungläubigkeit oft verzögert ein, wenn die erste Schockstarre sich zu lösen beginnt und die neuen sozialen und wirtschaftlichen Anforderungen sich allmählich normalisiert haben.

Uwe

Vor bereits einem Jahr war es passiert, dass sein Sohn tödlich verunglückte. Uwe war fassungslos. Für die Familie war eine Welt zusammengebrochen. Nun musste er »der Starke« sein, da sein für seine Frau und die anderen Kinder. In der Tat gab es auch viel zu tun, die Trauerfeier, die Behördengänge, Schriftwechsel… Außerdem musste er ja auch seiner Arbeit nachkommen.

Doch innerlich war er wie erstarrt. Er hatte keine Gefühle, funktionierte fast wie ein Automat, war für andere der Fels in der Brandung – sachlich, verlässlich, stets hilfsbereit. Und dennoch schien etwas zu fehlen, er selbst. War er vor dem plötzlichen Tod des Sohnes oft auch emotional und leidenschaftlich engagiert, so blieb das nun völlig auf der Strecke. Alles ging wieder seinen geregelten, emotional abgeflachten, letztlich aber kontaktlosen Gang. Er selbst war im wahrsten Sinne nicht anwesend, kein ›Gegenüber‹ mehr, weder im Angenehmen noch im Unangenehmen.

Dann kam der Jahrestag des Todes und er ging das Grab seines Sohnes aufsuchen. Es traf ihn dann »aus heiterem Himmel«, wie er sagte. Er konnte seinem Weinen keinen Einhalt gebieten, blieb tagelang krank zu Hause und hatte zu nichts mehr Lust. Er überließ sich seiner Trauer, endlich! Später sagte Uwe, der Besuch am Grab hätte seine Starre gelöst.

Ambivalente Trauer

Hierbei handelt es sich um die Trauer für einen Menschen, dessen Tod zunächst als Erleichterung für die Hinterbliebenen erfahren wird, zum Beispiel nach einer langen Leidenszeit und einer damit verbundenen Pflegetätigkeit durch die Hinterbliebenen. Später aber zeigt sich eine, wenn auch verzögerte, so dennoch deutlich verstärkte Trauerreaktion.

Diese ambivalente Trauer wird oft auch durch wohlmeinende Tröstungsversuche durch kondolierende Bekannte verstärkt, die den Verlust als nicht so schwer darstellen wollen, da es für die verstorbene Person doch so erlösend sein musste, nach all dem Leiden endlich sterben zu können. Oder es wird darauf hingewiesen, dass die Person doch ein langes und schönes Leben gehabt hätte, dessen Ende jetzt gleichsam zeitgemäß wäre.

Hilfen dieser Art haben manchmal einen etwas schalen Beigeschmack für den, der als Nahestehender den Verlust erleben muss.

Andreas

Andreas hatte seine Mutter bis zu ihrem Tod gepflegt. Nach dem Tod seines Vaters und nach seiner eigenen Scheidung war er zurück ins elterliche Haus gezogen. Er war immer der »Prinz«, der Liebling seiner Mutter gewesen. Nun hatten sie noch »ein paar gute Jahre« miteinander. Doch dann lähmte ein Schlaganfall die Mutter rechtsseitig und sie war fast vollkommen auf Andreas' Hilfe angewiesen, so dass dieser all seine Hobbys und freundschaftlichen Kontakte aufgab.

Nach einigen Monaten Krankheit schwächte eine schwere Erkältung die Mutter und die sich daraus entwickelnde Lungenentzündung brachte erhebliche Komplikationen mit sich. Eine Erholung der Sechsundachtzigjährigen war nicht absehbar. Sie verstarb schließlich im Beisein ihres Sohnes.

Obwohl seine Traurigkeit groß war, verspürte Andreas auch eine große Erleichterung. Er wusste, dass seiner Mutter erspart blieb, was sie immer gefürchtet hatte: eine schier endlos lange Leidenszeit; fast war er deshalb manchmal froh, wenn er daran dachte. Aber auch die Tatsache, dass er nun wieder sein eigenes Leben aufnehmen konnte, erleichterte ihn und er wendete sich, zum Erstaunen seiner Geschwister, rasch wieder seinen alten Aktivitäten zu. Im Laufe der Jahre verspürte er jedoch immer einen plötzlichen Schmerz, der sich anfühlte wie ein Stich in der Brust, gepaart mit einer Attacke heftiger Traurigkeit, wenn er bestimmte Dinge wahrnahm, die ihn an seine Mutter erinnerten.

Verzögerte Trauer

Oft findet über Wochen hinweg keine Trauerreaktion statt oder schmerzhafte Emotionen werden vermieden. Trauernde sind oft selbst beunruhigt, dass sie nicht »richtig« oder »rechtzeitig« trauern können. Die verzögerte Trauer ist ein Phänomen, das sich empirisch bisher nicht überzeugend nachweisen lässt. Aus der Erfahrung von Beratern und Therapeuten kann man aber sagen, dass in Einzelfällen dieses Phänomen häufiger ist, als allgemein angenommen wird.

Vielleicht liegt die scheinbare Diskrepanz zwischen Resultaten der Forschung und praktischer Erfahrung einfach daran, dass bei verzögerter Trauer die Erreichbarkeit der Trauernden für Forschungsstudien viel schlechter ist als unmittelbar nach dem Todesfall.

Vinzenz

Vinzenz konnte es selbst nicht glauben. Sein bester Freund aus Kindertagen war gestorben und er empfand nichts. Eigentlich waren sie ja immer eine Dreierbande gewesen und nun waren sie nur noch zu zweit. Wenn er sich mit dem anderen Freund verglich, schämte er sich fast, denn der hatte während der Trauerfeier sehr mit den Tränen gekämpft. Und bei der letzten Vereinssitzung hatte er eine Laudatio auf den verstorbenen Freund gehalten. Er, Vinzenz, hatte nichts dergleichen getan und er spürte auch kein Verlangen danach oder keine Verpflichtung dazu. Erst als sein Sohn ihm stolz seinen Kindergartenfreund präsentierte, spürte Vinzenz eine emotionale Regung.

Fehlende Trauer

Hinterbliebene zeigen dem Anschein nach keinerlei Reaktionen auf den Verlust einer ihnen nahestehenden Person. Oft wird dies mit einer konflikthaften Beziehung zum Verstorbenen begründet, die dann eine Abwehrhaltung gegenüber der Trauer hervorruft. Wenn Menschen, vor allem Kinder, unter einem Angehörigen sehr zu leiden hatten, ist es wohl mehr als nachvollziehbar, wenn sie dann im Falle des Todes dieser Person keine Trauer erleben und auch keinerlei Anzeichen von Trauer zeigen. Fraglich ist dann aber immer noch, ob es sich tatsächlich um ein Fehlen der Trauer oder um eine nicht sichtbare oder nicht identifizierbare Trauer handelt. Früher nannte man dies »unterdrückte Trauer«, bei der keine oder nur wenige Trauermerkmale sichtbar werden.

Frieda
Frieda wuchs nach dem Tod ihrer Mutter bei ihren Großeltern auf. Während die Großmutter alles versuchte, Frieda das Leben etwas aufzuhellen, zeigte sich der Großvater als ein sturer und jähzorniger Mann. Er verlangte militärische Disziplin und Gehorsam von Frieda. Mehrmals kam es vor, dass er sie körperlich züchtigte. Sie hasste ihn, konnte der Situation aber nicht entkommen. Als der Großvater starb, nahm Frieda der Großmutter zuliebe zwar an der Trauerfeier teil, aber nichts davon schien sie zu berühren. Der Tod des Großvaters schien sie in keiner Weise zu beeinträchtigen.

Sozial aberkannte Trauer

Hiermit wird eine Form der Trauer beschrieben, die in der Gesellschaft keine Anerkennung findet. Oft ist sie mit schuld- oder schambesetzten Beziehungen verbunden. Oder es sind moralische Vorstellungen darangeknüpft und Trauernde meinen, dass ihnen die Trauer um diese Verstorbenen möglicherweise gar nicht »zustehe«.

So finden sich zum Beispiel Angehörige von Mördern oft in der Situation, dass sie es aus Scham nicht wagen, ihre Trauer für den Verstorbenen zu zeigen oder ihnen diese Trauer von der sozialen Umgebung nicht zugestanden wird. Das Gleiche berichten Angehörige von Suizidanten oder etwa Frauen, die sich für eine Abtreibung entschlossen hatten und um ihr ungeborenes Kind trauern. Nach wie vor berichten Angehörige von Menschen, die an AIDS gestorben sind, dass diese ihren Tod teilweise selbst verschuldet hätten und ihre Trauer deshalb unnötig sei.

Aberkannte Trauer, wie Kenneth Doka (2002) diese Form der Trauer nennt, kann sich aber auch auf eine Beziehung richten, die als solche keine Akzeptanz findet. Dabei stellt sich dann die Frage, wer das »Recht« hat zu trauern. So werden oft weiter entfernte Verwandte, Bekannte oder Nachbarn nicht in die Abschiedsrituale oder die Planung der Trauerfeierlichkeiten eingeschlossen. Damit fehlen ihnen die passenden Möglichkeiten, um die verlorene Person zu betrauern.

Ebenso schwierig ist es, sogenannte »Exbeziehungen« (Exschwiegereltern, Exschwiegerkinder oder Expartner) adäquat zu betrauern, da auch in diesen Fällen keine entsprechenden Rituale zur Verfügung stehen und diese Menschen seit der Trennung oder Scheidung von der Familie ausgeschlossen sind. So fragte mich einmal eine Dame fast beschämt, ob es denn auch in Ordnung sei, den Tod ihres Exschwiegersohnes, »dieses Schurken«, zu betrauern, der aber zu ihr immer sehr liebenswürdig gewesen sei. Und eine geschiedene Frau berichtete, dass sie an der Bestattung ihres »Ex« nicht teilnehmen durfte, weil es die neue Frau nicht erlaubte.

Herr N. – nur ein entfernter Bekannter

Herr N. war ein älterer, alleinstehender Herr mittleren Alters. Auf eine Partnerschaft und Familie hatte er zugunsten seiner Karriere verzichtet. Seine Herkunftsfamilie war klein und lebte im Ausland. Insgesamt lebte er sehr zurückgezogen, nur mit einem anderen Hausbewohner hatte er Kontakt geknüpft. Als dieser Hausbewohner plötzlich starb, war Herr N. tieftraurig. Er vermisste den Plausch mit ihm auf der Treppe, die Unterhaltungen über den Stand »ihres« Bundesligavereines. Er konnte nicht verstehen, warum ihn der Tod eines »Fremden« so sehr belastete, schließlich verband sie doch nur das »gemeinsame Treppenhaus«, wie er es nannte.

Maskierte Trauer

Oftmals zeigt sich Trauer auch über den Weg, dass sich körperliche Symptome und Beschwerden einstellen, für die es keine organische Ursache gibt. Wenn sich darüber hinaus keine anderen Trauerreaktionen entwickeln, spricht man von einer maskierten Trauer. Meist sehen diese Betroffenen ihre Beschwerden gar nicht im Kontext mit ihrer Trauer. Häufig handelt es sich dabei um körperliche Schmerzen (siehe auch den Abschnitt »Schmerzstörungen« in »Komorbide Beschwerden«, Kapitel 6), wie im Fall von Martin.

Martin

Martin wurde von seinem Hausarzt zu einer Psychotherapie überwiesen, nachdem mehrere fachärztliche Untersuchungen keine Ursache für seine stechenden Brustschmerzen ergeben hatten. Alle Befunde waren negativ, also zeugten von guter körperlicher Gesundheit, und doch klagte Martin weiterhin über diese Schmerzen. Während der Therapie stellte sich schnell heraus, dass Jahre zuvor Martins Vater an einem Herzinfarkt gestorben war. Damals war Martin allerdings stark ins Berufsleben eingespannt und für seine Trauer blieb ihm wenig Zeit.

Tabuisierte Trauer

Wie verhält es sich mit der Gruppe von Betroffenen, die als Angehörige einen nahestehenden Menschen nach Naturkatastrophen, Kriegsereignissen oder Gewaltverbrechen vermissen, da über deren Verbleib nichts mehr bekannt wurde? Da der Verlust in den Augen der anderen ja noch nicht feststeht, wird diese Gruppe von Trauernden oft übersehen. Dies haben wir in einer Studie herausgefunden, die wir mit bosnischen Frauen durchgeführt haben, deren Männer sehr wahrscheinlich ermordet (viele davon im Zuge des Massakers von Srebrenica), aber deren Leichname damals noch nicht gefunden worden waren (Powell, Butollo & Hagl, 2010).

Die Angehörigen von Vermissten erleiden real einen Verlust, der aber von der Umwelt nicht wirklich anerkannt wird. Dies ist für die Betroffenen besonders belastend.

An der Stelle möchten wir an den bosnischen Psychologen Alija K. erinnern, der mich, Willi Butollo, kurz nach dem Bosnienkrieg (1992–1995) darum bat, ihm bei einem persönlichen Problem zu helfen, für dessen Lösung er in der Literatur keine Hinweise gefunden hatte. Beim serbischen Überfall auf Prijedor im Jahr 1992, einer damals völlig zerstörten Stadt im heutigen Bosnien und Herzegowina, waren ungefähr 3800 Zivilisten massakriert worden. Er wusste, dass seine beiden Brüder damals in Prijedor waren, und einer davon wurde auch tatsächlich unter den toten Opfern gefunden, im Beisein der übrig gebliebenen Angehörigen begraben und danach betrauert.

In den Phasen des Schocks, der Trauer und der Wut über den Tod des Bruders hatte er selbst für etwa ein halbes Jahr den anderen vermissten Bruder fast vergessen. Als die Trauer über den ermordeten Bruder sich dann zu beruhigen begann, geschah etwas Seltsames. Der vermisste Bruder ›tauchte‹ plötzlich in Alijas Träumen auf, und zwar in verschiedensten Versionen. Einmal sah er ihn als heiteren jungen Mann in Neuseeland, wohin er sich der Traumgeschichte nach »verzogen« hatte, um dort ein lockeres Leben zu führen. Dann sah er ihn wieder als Leichnam, halb verdeckt unter dem Schutt von eingestürzten Häusern, dann wieder aufgebahrt unter vielen anderen Mordopfern.

Der Kollege Alija beklagte, dass er seit dem Ende der Trauerphase über den Bruder, dessen gewaltsamer Tod ihm bekannt war, innerlich nicht zur Ruhe käme. Nicht nur, dass er nun auch den vermissten Bruder *vermisste*, sondern seine Gefühle zu diesem kippten von einem Extrem in das andere und er fühlte sich dadurch zunehmend gestresst und psychisch geschwächt. Er war unsicher, was nun ›Sache‹ war, wie er sich innerlich dem Bruder und äußerlich den anderen Angehörigen gegenüber verhalten sollte. Wäre es besser, ihn für tot zu erklären? Oder weiter auf ihn wütend zu sein, weil er vielleicht in Übersee ein schönes Leben führte und ihn hier im Unklaren ließ?

Das Sonderbare dabei war, dass durch dieses Vexierbild des inneren Gegenübers auch sein eigenes Selbst förmlich zu bröckeln begann. War er früher ein einigermaßen selbstsicherer Hochschullehrer, so war er nun ein seelisches Wrack geworden, geprägt von Selbstzweifeln und Selbstunsicherheit.

Denn das Selbst des Menschen, das sich in der inneren Beziehung zu wichtigen Bezugspersonen täglich, stündlich, minütlich neu gestaltet, kann sich zu einem ständig kippenden inneren Gegenüber nicht mehr stabil verhalten. Es fällt förmlich in sich zusammen.

Unsere Studien zeigen, dass die Stressbelastung von Angehörigen vermisster Personen vergleichbar ist mit der Belastung von Menschen, die infolge eines klar abgrenzbaren Verlusts eine Posttraumatische Belastungsstörung entwickelten. Der Schweregrad der psychosomatischen Auswirkungen dieser unklaren Verlusterlebnisse ist ähnlich, wenn nicht sogar höher einzuschätzen. Erschwerend kommt hinzu, dass ihnen die allgemeine Anerkennung in der Öffentlichkeit fehlt.

Der Verlust von Vermissten wird tabuisiert, man weiß nicht, wie man an die betroffenen Angehörigen herantreten darf. Wie an eine trauernde Person? Oder an eine, die hofft, dass der oder die Vermisste am nächsten Tag vor der Tür steht?

Auch die Reorganisation des ökonomischen und sozialen Lebens ist ganz praktisch gesehen für diese Menschen erheblich schwieriger: Soll man den Vermissten für tot erklären, um an die Versicherungsprämie zu kommen? Darf man wieder heiraten? Was sagen die Schwiegereltern, wenn Schwiegersohn oder Schwiegertochter sich wieder binden? Probleme über Probleme, für die in der Öffentlichkeit noch kein Verständnis besteht.

Vor allem: Wie kann ein Angehöriger von Vermissten seinen Trauerprozess zu einem guten Ende bringen? Wie können Helfer und Therapeuten das unterstützen?

Für Alija gab es keine gute Lösung – oder doch? Wie viele der im Balkankrieg schwer belasteten Menschen dieser Generation starb auch er viel zu jung, sehr bald nach Ende des Krieges. Viele Menschen, die den grausamen und an Schrecken kaum zu überbietenden Krieg mit Mühe überlebt hatten, entwickelten nach dem Krieg Krankheiten wie Herzinfarkte, Schlaganfälle oder Krebserkrankungen und starben viel zu jung. Leider gab es auch viele Suizide.

6. Komplizierte Trauer

Komplizierte Trauer beschreibt einen Trauerverlauf von ungewöhnlicher Intensität und Dauer. Sie wird, im Gegensatz zu der normalen Trauer, im Kontext der Pathologie diskutiert. Es ist sinnvoll und für praktische Zwecke auch wichtig, die Komplizierte Trauer – ein Terminus technicus – von der normalen Trauer zu unterscheiden, obwohl das gerade im Grenzbereich oft nicht ganz einfach ist.

Nachdem klinische Beobachtungen ergaben, dass es erhebliche Abweichungen von normaler Trauer gibt und dabei viele Fluktuationen im Verlauf auftreten können, bemühte man sich, diese zu klassifizieren (siehe voriges Kapitel). Dabei wurde allein die Komplizierte Trauer empirisch überprüft.

Mit vermehrtem Interesse hat sich die Forschung in den letzten Jahrzehnten mit diesem Thema auseinandergesetzt, wenn auch kontrovers. Dass Trauer – auch wenn es sich um eine besonders schwere Form handelt – eine Störung sein sollte, wurde nicht einheitlich begrüßt. Dennoch riss die Diskussion um die Pathologisierung nicht ab. Einige Fachleute wehren sich gegen die Pathologisierung einer eigentlich natürlichen Reaktion. Sie befürchten auch, dass die Diagnose übermäßig angewendet werden könnte. Dies führe dann letztlich zur Stigmatisierung.

Andererseits berichten Trauernde immer wieder, dass es für sie eine Erleichterung ist, zu erfahren, dass ihre Beschwerden einen Namen haben. Oft bezweifeln sie selbst, dass diese mit ihrer Trauer zusammenhängen. Eine Patientin drückte es so aus: »Gott sei Dank hab ich eine Diagnose [Komplizierte Trauer, Anm. d. Autorin]. Ich habe schon gedacht, ich bin verrückt.« Und häufig hören wir die Frage von unseren Patienten: »Bin ich etwa nicht normal?« Obwohl die Pathologisierung und damit die Zuordnung einer Diagnose kontrovers gesehen wird, sind viele Patienten damit einverstanden und fühlen sich richtig eingeschätzt. Sie selbst können dadurch die

Zweifel sich selbst gegenüber ad acta legen und mit einer Lösungsfindung beginnen.

Komplizierte Trauer wurde von mehreren Forschergruppen unter die Lupe genommen. Besonders nennenswert sind hier die amerikanischen Forscherteams um Mardi Horowitz und Holly Prigerson. Da diese Forschergruppen von unterschiedlichen Ansätzen ausgingen, hatte dies zu Folge, dass man es auch mit einer Vielfalt von Benennungen des Konstruktes zu tun hatte, die dann selbst immer wieder revidiert wurden, entsprechend dem Stand der Forschung oder anderer Einflüsse.

So drehte sich das Namenskarussell und sorgte für nicht wenig Verwirrung. Bereits 1976 sprach Horowitz von ›Traumatischer Trauer‹. Er sah Tod als eine Form von Trauma und die darauffolgende Trauer als eine traumatische Reaktion an. Später wählte er den Begriff der »Pathologischen Trauer« (siehe Horowitz, Bonanno & Holen, 1993).

Hier wird klar, dass Trauer schon damals im Kontext der Pathologie gesehen wurde. Letztlich nannte man das Konstrukt ›Komplizierte Trauer‹. Prigerson schloss sich dem Begriff der Komplizierten Trauer zunächst an, bevor auch sie den Begriff ›Traumatische Trauer‹ wählte, zum Beispiel in ihrem Beitrag zu einer früheren Ausgabe des Handbuchs der Trauerforschung (Prigerson & Jacobs, 2001). Sie berief sich dabei auf die Ähnlichkeit der Trauersymptomatik mit jener Symptomatik, die nach traumatischen Erlebnissen in Form der Posttraumatischen Belastungsstörung auftreten kann. Um aber der Bedeutung und dem Ausmaß des Begriffes ›Trauma‹ gerecht zu werden, kehrte sie nach dem Anschlag auf das das World Trade Center 2001 in New York City wieder zum Begriff der ›Komplizierten Trauer‹ zurück. Das Wort ›Trauma‹ sollte extremeren Belastungen und Erfahrungen vorbehalten bleiben.

Mit dem Begriff der Komplizierten Trauer können sich auch die meisten Betroffenen identifizieren, da er ihren Zustand gut reflektiert. Schließlich aber einigte sich ein internationales Forscherteam 2007 auf spezifische, empirisch untersuchte Kriterien für diese spezielle Form der Trauer, die dann im Jahr 2009 nochmals leicht modifiziert wurden (Prigerson, Horowitz et. al., 2009).

Dabei wechselte ein weiteres Mal die Benennung. Komplizierte Trauer hieß nun ›Prolonged Grief Disorder‹ (prolongierte oder verlängerte Trauerstörung). Allerdings räumten die Forscher ein, dass die Dauer allein kein ausreichender Maßstab für eine Diagnose sei.

Obwohl das Konstrukt inhaltlich Akzeptanz fand, blieb im deutschen Sprachraum weitgehend der Begriff Komplizierte Trauer gebräuchlich, möglicherweise auch, um diesem im Deutschen etwas ungewöhnlichen und sperrigen Begriff der »prolongierten Trauerstörung« aus dem Weg zu gehen; vor allem aber auch, weil er sich in der deutschsprachigen Fachliteratur schon durchgesetzt hatte (zum Beispiel aufgrund des Buches von Hansjörg Znoj im Jahr 2004 oder auch bei Rosner & Wagner, 2009).

In der neuen, demnächst zu erwartenden ICD-11 (Internationalen Klassifikation psychischer Störungen der WHO), die allgemein in Deutschland als Grundlage zur Diagnostik verwendet wird, soll diese Form von Trauer als nachweisbare Störung den Namen ›Anhaltende Trauerstörung‹ erhalten. Ein etwas unglücklicher Name, wie wir meinen, steht doch durch diese Benennung das Zeitkriterium wieder im Fokus dieses Konstrukts. Trauernde mögen dadurch tatsächlich den Eindruck gewinnen, dass sie nun eine Störung haben, weil sie nicht rasant genug trauern.

In der neuen Ausgabe des US-amerikanischen Diagnosemanuals DSM-5 (Diagnostic Statistical Manual of Mental Disorders; American Psychiatric Association, 2015) taucht das Konstrukt unter dem Namen ›Anhaltende Komplexe Trauerstörung‹ als Störung mit weiterem Forschungsbedarf auf. Auch hier wird auf das Zeitkriterium verwiesen, jedoch mit dem Zusatz, dass noch andere Faktoren dazu beitragen.

Interessant ist allerdings, dass viele der Trauerformen durch das Zeitkriterium benannt werden (zum Beispiel verzögerte Trauer) und der Trauerforscher Parkes schon früh den Begriff der ›Chronischen Trauer‹ benutzte; auch er lenkte den Fokus damit auf das Zeitkriterium. Dabei sprach er schon 1965 von einer übertriebenen Symptomatik von ungewöhnlicher Dauer.

Da die ICD-11 zum Zeitpunkt der Erstellung dieses Manuskripts noch nicht veröffentlicht ist, halten wir zum jetzigen Zeitpunkt am Begriff ›Komplizierte Trauer‹ fest.

Häufigkeit und Relevanz der Komplizierten Trauer

Mehrere Studien beschäftigen sich mit der Häufigkeit von Komplizierter Trauer und kommen zu unterschiedlichen Ergebnissen. Oft hängen diese Unterschiede von der Art der untersuchten Gruppe ab, welcher Altersgruppe die Teilnehmer zum Beispiel angehörten oder welche Beziehung die Hinterbliebenen zu dem Verstorbenen hatten.

Die Wahrscheinlichkeit, Komplizierte Trauer zu entwickeln, ist unter Menschen, die bereits an einer anderen psychischen Störung erkrankt sind, deutlich erhöht, ebenso bei Menschen in politischen Krisengebieten. Andererseits ist das Risiko, an einer weiteren psychischen Störung zu erkranken, wiederum bei denjenigen Menschen erhöht, die unter Komplizierter Trauer leiden. Insgesamt wird die Häufigkeitsrate von Komplizierter Trauer und anderen Störungsbildern unter psychisch Erkrankten in einer Studie mit 33 Prozent angegeben.

Eine Studie von Anette Kersting und Kollegen aus dem Jahr 2011 berichtet, dass in Deutschland, bezogen auf die Gesamtbevölkerung, knapp 4 Prozent aller Trauernden Komplizierte Trauer entwickeln. Eine niederländische Studie mit älteren Studienteilnehmern berichtet von 4,8 Prozent aller Trauernden (Newson und Kollegen, 2011). Bei mehr als 800 000 Todesfällen im Jahr 2014 in Deutschland (Statistisches Bundesamt, 2015, vgl. auch den Abschnitt »Die Adressaten« in der »Einstimmung«) wären das immerhin zwischen 35 000 und 40 000 Betroffene. Das heißt, dass Komplizierte Trauer individuelles Leiden für jeden Einzelnen bedeutet, aber gleichzeitig großen Einfluss auf den sozialen, beruflichen und wirtschaftlichen Bereich hat.

Diese Statistik ist eng verbunden mit der Diskussion um die Pathologisierung von Komplizierter Trauer. Wenn diese Form der Trauer als Störungsbild gesehen wird, dann heißt das einerseits, dass Krankenversicherungen für eine psychotherapeutische Behandlung bezahlen müssen, dafür jedoch wiederum psychotherapeutische Hilfe für kompliziert Trauernde leichter zu erhalten ist. Die Behandlungskosten bedeuten zwar einerseits eine finanzielle Belastung für die Volkswirtschaft. Dem steht dann andererseits aber

wieder die Herstellung der Leistungsfähigkeit und damit der Produktivität der Trauernden gegenüber. Es bleibt jedoch zu hoffen, dass diese Diskussion um die Behandlungsbedürftigkeit einer komplizierten Trauerreaktion nicht am Bankschalter entschieden wird.

Bestimmung von Komplizierter Trauer

Eine wichtige Rolle in der Trauerforschung spielt die Abgrenzung von normaler zu Komplizierter Trauer. Basierend auf bisher veröffentlichten Forschungsergebnissen verlaufen die Trauerreaktionen circa in den ersten sechs Monaten nach dem Tod einer nahestehenden Person recht ähnlich. Danach beginnt die weitaus größere Gruppe der Trauernden eine positive Veränderung wahrzunehmen. Sie ist vor allem geprägt von erhöhter Akzeptanz des Verlustes, ein wichtiger Indikator für die Verbesserung des Zustandes der Trauernden.

Eine kleinere Gruppe kann diese positive Veränderung nicht vollziehen. Sie entwickelt Komplizierte Trauer. Das Erleben der Komplizierten Trauer gleicht, wie oben erwähnt, zunächst dem Erleben der normalen Trauer, unterscheidet sich aber nach geraumer Zeit in ihrer Intensität und Dauer. Die Kriterien für Komplizierte Trauer legen diesen Zeitraum auf sechs Monate fest, das heißt, dass Komplizierte Trauer im Rahmen einer formalen klinischen Diagnostik erst frühestens sechs Monate nach dem Verlust festgestellt werden kann. Allerdings verlängert das bereits erschienene DSM-5 diesen Zeitraum für Erwachsene auf zwölf Monate und bleibt nur für Kinder bei sechs Monaten.

Nun kann man sich schwer vorstellen, dass die Feststellung von Komplizierter Trauer wirklich kategorial ist. Durch die Handhabung der klinischen Diagnosekriterien wird sie jedoch förmlich dazu »gemacht«, das bedeutet, aufgrund von gegebenen Kriterien hat man die Diagnose oder man hat sie eben nicht – so wie man einen Knochenbruch hat oder nicht hat. Dass diese Betrachtungsweise problematisch ist, wird an diesem Vergleich deutlich.

Die klinische Arbeit mit Betroffenen sieht dann auch oft so aus: Die Antworten auf Fragen standardisierter Interviews oder Fragebögen geben Auskunft, ob den klinischen Kriterien entsprechend Komplizierte Trauer vorliegt. Die Schwierigkeit dabei ist, dass die Beantwortung der Fragen häufig von der ›Tagesform‹ abhängt. Im Zweifelsfall kann man somit je nach seinen Antworten an einem Tag Komplizierte Trauer haben, am anderen eben nicht. Das bezieht sich aber vor allem auf ›Grenzgänger‹, also auf diejenigen Trauernden, die eine schwächer ausgeprägte Form von Komplizierter Trauer haben.

Alternativ dazu könnte man Trauer in Form eines grafisch darstellbaren Intensitätsverlaufes aufzeigen, einem Kontinuum, auf dem zum Beispiel von Woche zu Woche die jeweilige Belastung durch den Verlust abgebildet wird und so dimensional betrachtet werden kann. Das wäre analog zu einer Erkältung. Man kann ja auch ein wenig oder sehr stark erkältet sein. Unterstützer dieser Sichtweise argumentieren auch, dass man die Attribute »normal« und »kompliziert« dann gar nicht mehr bräuchte, sondern die Trauer nur aufgrund der entsprechenden Ausprägungen betrachtet.

Eine neue Kategorie: Anhaltende Trauerstörung

Um ein sogenanntes psychisches Störungsbild mit klinischer Relevanz zu beschreiben und von anderen Beschwerdebildern abzugrenzen, bedarf es aber einheitlicher, wissenschaftlich überprüfter Kriterien als Voraussetzung für eine exakte Diagnose. Diese wiederum ist nach allgemein gültigen Maßstäben, zum Beispiel auch im Hinblick auf die Abrechnung mit den Krankenkassen, Voraussetzung für eine professionelle psychotherapeutische Behandlung. Hier werden im Folgenden die derzeit in der Forschung gültigen Kriterien für Komplizierte Trauer (Prolonged Grief Disorder) von Prigerson und Kollegen (2009) vorgestellt, da die Kriterien für die Anhaltende Trauerstörung, wie sie in der ICD-11 geplant sind, zum Zeitpunkt des Verfassens dieses Manuskripts noch nicht veröffentlicht sind. Es steht jedoch jetzt schon fest, dass eine neue Diagnosekategorie für die Erfassung und klinische Würdigung der Komplizierten Trauer eingeführt wird, mit der voraussichtlichen Bezeichnung ›Anhaltende Trauerstörung‹.

Die Klassifizierung der Anhaltenden Trauerstörung (Prolonged Grief Disorder) stellt eine grundlegende Neuerung dar. Sie beschreibt eine sehr intensive, schmerzhafte und beeinträchtigende Trauerreaktion mit spezifischen Symptomen wie pathologischer Sehnsucht nach einem Verstorbenen sowie Durchleben von damit verbundenem intensiven emotionalen oder physischen Leiden. Im Vergleich zu der kultur- und religionsbestimmten normativ zu erwartenden Trauerzeit ist die Dauer der einzelnen Symptome deutlich verlängert. Unter Berücksichtigung der kulturellen und individuellen Verschiedenartigkeit von Trauerreaktionen ist nach Einschätzung der ICD-11-Arbeitsgruppe inzwischen genügend Evidenz für die Validität, Spezifität und Behandelbarkeit dieses pathologischen Zustands vorhanden, um ihn als neue Diagnose zu etablieren. Gut validierte Behandlungsprogramme und Unterschiede im Symptomprofil ermöglichen eine klare Abgrenzung zur Depression und zu Posttraumatischen Belastungsstörungen.

Die parallele DSM-5-Arbeitsgruppe wollte eine entsprechende Diagnose als Subtyp der Anpassungsstörung einführen. Da die definierenden Zeitkriterien der andauernden Trauerstörung nicht mit dem Zeitrahmen der Anpassungsstörung vereinbar sind, wurde dies für das DSM-5 schlussendlich so nicht akzeptiert.

Allerdings muss vorläufig noch gesagt werden, dass Komplizierte Trauer derzeit, streng genommen, nicht als »Diagnose« bezeichnet werden kann, da sie noch in keinem der aktuell geltenden Diagnosemanuale als Diagnose beschrieben wird.

Kriterien für Komplizierte Trauer

Kriterien für Komplizierte Trauer (Prolongierte Trauerstörung nach Prigerson, Horowitz und Kollegen, 2009)

Ereigniskriterium

Die Feststellung von Komplizierter Trauer setzt den Verlust durch Tod eines nahestehenden Menschen voraus.

Trennungsstress

Trauernde empfinden täglich große Sehnsucht oder Verlangen nach der verstorbenen Person, oft mit körperlichen oder emotionalen Schmerzen bis zu dem Punkt, dass manche Aufgaben nicht mehr bewältigt werden können (»Es zerreißt mich fast vor Sehnsucht.«).

Merkmale aus dem kognitiven, emotionalen oder Verhaltensbereich

Davon müssen mindestens fünf Merkmale täglich oder stark ausgeprägt zutreffen:

- Verwirrung oder Unsicherheit über die eigene Rolle im Leben oder das Gefühl, dass ein Teil von einem selbst gestorben wäre (zum Beispiel: »Wer bin ich jetzt überhaupt noch?«).
- Schwierigkeiten, den Verlust zu akzeptieren (zum Beispiel: »Ich kann's nicht fassen, ich denke immer, er muss doch wieder zur Tür hereinkommen.«).
- Vermeidung von Menschen, Dingen oder Orten, die an den Verlust der Person erinnern (zum Beispiel: »Ich kann nicht an das Grab gehen.« »Ich will mich nicht mit seinen Freunden treffen, das erinnert mich zu stark an ihn.« »Ich fahr nie wieder nach Italien, da muss ich immer an unsere gemeinsamen Urlaube denken.«).
- Seit dem Tod des Angehörigen bestehen Schwierigkeiten, anderen Menschen zu vertrauen (zum Beispiel: »So etwas passiert mir nicht wieder.«).
- Verbitterung oder Wut über den Verlust (zum Beispiel: »Eigentlich wollten wir noch so viel miteinander unternehmen und nichts ist daraus geworden.« »Ich könnte ihn schütteln; er hätte zur Vorsorge gehen sollen.«).
- Schwierigkeiten, mit dem eigenen Leben fortzufahren, zum Beispiel neue Freunde zu finden oder Hobbys zu verfolgen (»Allein macht doch alles keinen Spaß.«).
- Gefühlstaubheit oder Leere (zum Beispiel: »Ich kann mich über nichts mehr freuen.«).

- Das eigene Leben erscheint unerfüllt, bedeutungslos und leer (zum Beispiel: »Das macht doch alles keinen Sinn mehr.«).
- Gefühl von Schock, Benommenheit und Betäubung (zum Beispiel: »Ich weiß nicht, wie mir geschieht.«).

Zeit seit dem Verlust

Der Tod muss mindestens sechs Monate zurückliegen.

Beeinträchtigung

Der Zustand führt zu klinisch relevanten Beeinträchtigungen emotionaler Art, im sozialen Umfeld, im Beruf oder in einem anderen wichtigen Lebensbereich (zum Beispiel: »Meine Freunde sind so oberflächlich. Mit ihnen kann ich nichts mehr anfangen.« »Ich kann mich überhaupt nicht mehr konzentrieren.« »Sex macht keinen Spaß mehr.«).

Die Beschwerden müssen durch den Verlust bedingt und dürfen nicht von etwas anderem verursacht sein.

Zum Zeitkriterium soll noch erwähnt werden, dass es zwar eine untere Grenze gibt (sechs Monate seit dem Tod), nicht aber eine Obergrenze. In einer Behandlungsstudie an der Ludwig-Maximilians-Universität München lag die Zeitspanne zwischen Verlust und Beginn der Therapie bei einem Patienten bei mehr als 37 Jahren (Pfoh, 2012).

Bei sehr lang andauernder Trauerreaktion ist zudem zu beachten, dass eine Reihe von Folgeproblemen psychischer und physischer Art begleitend auftauchen oder sogar im Vordergrund der Störungen stehen kann. Das gilt auch für die sekundäre Entstehung von Angststörungen nach einem traumatischen Verlust. Der Entstehung von agoraphobischen Ängsten und Panikstörungen geht zum Beispiel überzufällig häufig ein wesentliches Verlusterlebnis etwa ein halbes Jahr vor dem Entstehen der Angsterkrankung voraus.

Man kann sich den Zusammenhang sehr gut vorstellen, indem man die Angststörung als eine Folge der nach dem Verlust eintretenden massiven Verunsicherung der Selbstprozesse sieht. Wenn nämlich, wie in neueren Selbstprozesstheorien dargestellt, das Selbst des Menschen sich im Kontakt mit wesentlichen Bezugspersonen gestaltet, und zwar jeweils in der aktuellen Kontaktsituation immer wieder neu, so ist bei einem völligen Wegfall dieses Gegenübers ein psychosoziales Vakuum zu erwarten. Die Entstehung der Angstsymptome ist dann als Folge der Selbstunsicherheit, wie sie nach dem Verlust einer stützenden Bezugsperson erlebt wird, nachvollziehbar. Die Komplizierte Trauer als Voraussetzung dieser Entwicklung wird dabei dann jedoch wegen der Dominanz der Angstsymptomatik leicht übersehen.

Aufrechterhaltung von Komplizierter Trauer

Eines der Erklärungsmodelle, wie Komplizierte Trauer entsteht und auch aufrechterhalten wird, ist das Regelkreismodell von Pfoh, Kotoučová und Rosner (2015). Ausgangspunkt ist der Tod einer wichtigen Person vor mehr als sechs Monaten. Die darauffolgende Trauerreaktion ist gekennzeichnet von übergroßer Sehnsucht und Verlangen nach der verstorbenen Person, von dem Nicht-akzeptieren-Können des Todes und von emotionalen und/oder körperlichen Schmerzen, die keine organischen Ursachen haben. Nicht alle dieser Beschwerden müssen gleichzeitig oder immer auftreten. Wahrscheinlicher ist es, dass diese wechseln. Als Reaktion auf diese Beschwerden entwickeln kompliziert Trauernde Bewältigungsstrategien.

Bewältigungsstrategie der direkten und indirekten Vermeidung (übermäßige Beschäftigung)

Das Regelkreismodell zeigt Vermeidung als zentrale Bewältigungsstrategie von kompliziert Trauernden, um die negativen Symptome (Sehnsucht, Verlangen, Schmerz) zu lindern oder eine gefühlte Nähe zum Verstorbenen herzustellen. Als direkte Vermeidung gilt das Vermeiden von Menschen, Orten und Dingen, die an den Verlust erinnern. Als indirekte Vermeidung gilt die andauernde oder übermäßige Beschäftigung mit dem Tod des Verstorbenen. Allerdings ist diese Strategie nur kurzfristig oder punktuell hilfreich im

Umgang mit der negativen Trauersymptomatik. Ständig und über lange Zeit ist diese Strategie einschränkend (siehe hierzu den Abschnitt »Vermeidung« in Kapitel 3).

Trauerauslöser (Trigger)

Letztendlich holt die Realität die Trauernden aber doch immer wieder in Form von sogenannten Triggern ein. Trigger oder Trauerauslöser sind Erlebnisse aller Art – gedanklich oder real –, die an den Verlust erinnern. Diese Trigger reaktivieren dann die Trauer und alles scheint unverändert wieder von vorn loszugehen.

Solche Trauerauslöser können zum Beispiel der Anblick eines Gegenstands oder eines dem Verstorbenen ähnlich sehenden Menschen sein, das Lesen eines Zeitungsberichtes oder der Geruch eines Rasierwassers oder Parfüms – alles, was an den Verstorbenen erinnert. Diese externen Trigger werden von außen verursacht und sind oft nicht planbar. Man kann ja zum Beispiel vorher nie wissen, wann man genau den Geruch des Rasierwassers wahrnehmen wird.

Planbare Trigger hingegen sind diejenigen Auslöser, mit denen man rechnen kann, zum Beispiel wenn der freundliche Kassierer im Supermarkt die gleiche Brille trägt wie der Verstorbene und dies an den Verlust erinnert.

Zu den internen Triggern gehören Gefühle oder Gedanken, zum Beispiel die Erinnerungen an einen gemeinsam erlebten Urlaub oder das Wahrnehmen eines Gefühls, das mit dem Tod des Verstorbenen verbunden wird.

Insbesondere signifikante Daten wie Feiertage, Geburtstage, Todestage oder Urlaube sind Trauerauslöser, was erklärt, weshalb sie so schwer zu ertragen sind; sie müssen nun ohne den Verstorbenen erlebt werden, aber erinnern an ihn.

All diese Trigger haben gemeinsam, dass die Erinnerung an den Verstorbenen wieder wachgerufen wird; mit dem Gedanken an die Unwiederbringlichkeit des geliebten Menschen und der früheren Situation breitet sich ein Gefühl der Hilflosigkeit oder der Ohnmacht aus und die Trauer wird so wieder ausgelöst beziehungsweise erhalten. So berichten Patienten, dass sie sich – regelrecht gefangen in diesem Mechanismus – jahrelang im Kreis drehten. Hilfreich für Hinterbliebene ist es dann, sich zu vergegenwärtigen, dass sie sich zum Zeitpunkt der Triggererfahrung im sogenannten Hier und Jetzt befinden. Die Aussage, die an einen selbst gerichtet ist, kann dann das jeweilige Datum oder den Ort beschreiben, z. B.: »Heute ist Dienstag, der 26. Februar 2015, und ich bin hier in München.«

In diesem Regelkreismodell externer und indirekter Vermeidung sind nicht die inneren Vermeidungsprozesse enthalten, wie sie bei der Selbstaktualisierung des inneren Kontaktes der Trauernden mit dem Verstorbenen häufig stattfinden. Das liegt vor allem daran, dass die Selbstprozesse nicht so gut objektiv erfassbar sind wie zum Beispiel das ›sichtbare‹ Vermeidungsverhalten. Ein Regelkreismodell, das vorwiegend zur wissenschaftlichen Vorhersage von Symptomentwicklung dienen soll, versucht möglichst objektiv überprüfbare Faktoren als Modellparameter einzusetzen.

Die intrapsychischen Selbstprozesse sind aber für die Entwicklung einer Komplizierten Trauer von großer Bedeutung. Oft haben Betroffene ein selbstunsicheres, selbstabwertendes emotional-kognitives Selbsterleben, und der Kontakt zu der verstorbenen Person war schon vor deren Tod problematisch. Kompliziert Trauernde haben häufig schon im realen Kontakt mit dem Verstorbenen Zurückweisung erlebt, die nun reaktiviert und durch die Abwesenheit des Verstorbenen noch einmal verstärkt wird. Sie fühlen sich im inneren Kontakt mit der verstorbenen Person dann ebenfalls von dieser zurückgewiesen, von ihr abgewertet und nicht wichtig genommen. Ein Vorgang, der bei Menschen nach einer traumatischen Erfahrung, insbesondere nach Traumatisierung durch physische Gewalt oder sexuellen Missbrauch, in ähnlicher Weise stattfinden kann. Eine detaillierte Darstellung dieser posttraumatischen Selbstprozesse findet sich bei Butollo und Karl (2012, 2. Aufl.).

Die innere Reaktion der kompliziert Trauernden auf Zurückweisung, Ablehnung, Abwertung kann dann in einer Art von Unterwerfung unter das Verdikt der intern gespeicherten Repräsentation des Verstorbenen bestehen. Unterwerfung in dem Sinne, dass die trauernde Person die (hypothetische) Abwertung, unter der sie leidet, insgeheim unterstützt, also die Kontaktgrenze zum Verstorbenen buchstäblich niederreißt, mit ihm – innerlich – eins wird und dadurch das Gefühl von Verlust aufhebt. Durch eine Art von nachträglicher Verschmelzung mit dem Verstorbenen wird der Verlust gleichsam annulliert; man fühlt sich weiterhin eng verbunden und vermeidet so die Gefühle der Einsamkeit des Verlassenen, der Person, deren Gefühle nicht mehr wichtig sind. Der Preis dafür ist, dass man sich selbst elend fühlt, denn man muss akzeptieren, dass man – vermeintlich – nichts wert ist, um in Verbindung bleiben zu können.

Auch in der Therapie kann dieser Prozess manchmal – versehentlich – aktualisiert werden, indem zum Beispiel eine harmlose Äußerung der Therapeutin als Zurückweisung erlebt wird und dann zu einer Kette massiver Selbstvorwürfe auf Seiten der Patientin führt. Die Patientin kann sich dann so gelähmt fühlen, als wäre sie völlig außerstande, diesen Zustand jemals wieder zu verändern. Es ist wie eine Bestätigung eines alten, unerschütterlichen Faktums, dass sie nicht liebenswert, nicht anerkennenswert ist. Sie schämt sich und will nur möglichst schnell den Ort der Schmach verlassen, ohne prüfen zu können, ob ihre Interpretation der Bemerkung der Therapeutin überhaupt stimmt.

Denn die Verletzbarkeit gegenüber Zurückweisung, die in schwierigen Beziehungen oft früh im Leben entstanden ist, ist dann auch der Hauptfaktor für die Unfähigkeit, Trennungen in späteren Lebensphasen zu akzeptieren.

Die betroffenen Menschen versuchen sich zu schützen, indem sie enge Beziehungen vermeiden, oder sie verfallen in das Gegenteil: Wenn sich dann doch die Gelegenheit zu einer nahen Liebesbeziehung ergibt, versuchen sie durch eine Art von vorauseilendem Gehorsam jede Konfliktquelle im Vorfeld zu ersticken und ständig Harmonie zu suchen – ein sicherer Weg, um die Beziehung zu erdrücken, bevor sie noch richtig entstanden ist. Wer klammert, schafft Unfreiheit und ein wechselseitiges, kontaktschaffendes Klima in der Beziehung wird so verhindert.

Derart belastende Beziehungen ziehen mit größerer Wahrscheinlichkeit Komplizierte Trauer nach sich, wenn sie dann – zum Beispiel durch Tod eines Partners – abrupt abbrechen und die unerledigte Beziehung unerledigt bleibt. Denn wenn zu einer verstorbenen Person durch zu enge Verstrickung eine schwierige Beziehung bestand oder in der Beziehung immer wieder schier unlösbare, chronische Konflikte dominierten, fällt es der Hinterbliebenen schwerer, sich zu lösen.

Die so gestaltete Verletzbarkeit kann sogar auch auf die späteren Generationen übertragen werden. Einer unserer Patienten berichtete, dass im Zuge seiner sich anbahnenden Scheidung die beiden leiblichen Kinder, damals im fortgeschrittenen Jugendalter, diese Veränderung in der Beziehung der Eltern relativ gefasst aufgenommen und verarbeitet hätten. Ein von der Familie jedoch adoptiertes Kind, das etwa gleich alt wie die leiblichen Kinder war, hatte in der Scheidungsphase mit extremen emotionalen Schwierigkeiten zu kämpfen. Bei den bereits erlebten Trennungen war die jetzt wieder anstehende Trennung für diese Jugendliche einfach zu viel.

Risikofaktoren und schützende Faktoren

Risikofaktoren

Während Komplizierte Trauer nun zureichend definiert werden kann, ist über die Gründe für ihre Entstehung noch zu wenig bekannt. Obwohl wir wissen, dass bestimmte Risikofaktoren zur Entwicklung von Komplizierter Trauer beitragen – wie zum Beispiel die schon erwähnte allgemeine Verletzlichkeit gegenüber Trennungen – können wir nicht schlüssig davon ausgehen, dass das Vorliegen dieser Risikofaktoren zwingend eine Komplizierte Trauer verursacht.

Warum also entwickeln manche Trauernde diese Trauerform und andere nicht?

Risikofaktoren können in drei zeitliche Kategorien eingeteilt werden: 1. Risikofaktoren, die bereits vor dem Verlust bestanden (prä), 2. Risikofaktoren, die durch die Todesumstände entstehen (peri), und 3. Risikofaktoren, die nach dem Tod auftauchen (post) (siehe Abbildung 2).

Eine andere Einteilung der Risikofaktoren sieht folgendermaßen aus: 1. Faktoren, die im Zusammenhang mit dem Tod stehen, 2. intrapersonelle Faktoren, also Faktoren, die in der eigenen Persönlichkeit gründen (z. B. emotionale Abhängigkeit, Verletzlichkeit), 3. interpersonelle Faktoren, also Faktoren, die im Miteinander mit anderen Menschen entstehen (z. B. Schuldvorwürfe durch andere Angehörige), und 4. Faktoren, die im Zusammenhang mit den Todesumständen stehen.

prä	• Beziehungsintensität und Verwandtschaftsgrad • Ambivalente Beziehung • Vorhergehende Todesfälle • Existierende psychische Störungen • Erlebte Kindesmisshandlung • Trauma • Trennungsangst • Unsicherer und/oder abhängiger Bindungsstil • Geringe Resilienz
peri	• Gewaltsamer Tod • Plötzlicher Tod • Stresslevel z. Zt. des Todes (z. B. Pflege)
post	• Dysfunktionale Kognitionen • Mangelnde soziale Unterstützung • Finanzielle Verschlechterung (Sekundärverlust) • Für Eltern bei Tod eines Kindes: Keine weiteren Geschwisterkinder

Abbildung 2: Risikofaktoren für Komplizierte Trauer nach zeitlichen Kategorien geordnet

Hanna

Hannas (59) Zwillingsschwester Gudrun war vor sieben Jahren an einer Hirnblutung gestorben. Die Schwestern waren nicht nur zusammen aufgewachsen, sondern lebten auch im Erwachsenenalter Tür an Tür, nachdem sie gleich nach ihrer Ausbildung das Elternhaus verlassen hatten. Denn die Bedingungen dort waren alles andere als gut gewesen: Der Vater war gewalttätig und cholerisch, schlug die Mädchen häufig. Der Auszug von daheim hatte ihnen verständlicherweise nicht schnell genug gehen können.

Hanna war schon immer ängstlich gewesen, und nach dem plötzlichen Tod der Schwester, der für sie ein Schock war, litt sie an häufigen Panikattacken. »Jetzt gibt's mich nur noch halb«, sagte sie immer wieder. Allerdings gab es auch in dieser Beziehung Konflikte. Gudrun, als die etwas Ältere, war zwar in der Kindheit und Jugend die gern gesehene Sprecherin und Beschützerin der kleineren Schwester gewesen, kontrollierte sie aber auch in manchmal übermäßig dominanter Weise. Sie übte diese Funktion auch im Erwachsenenalter immer noch aus, was häufig zu heftigen Streitereien zwischen den beiden führte.

Spannungen gab es insbesondere deshalb, weil Gudrun immer wieder ihre schwesterliche Beziehung vorschob, um Hanna daran zu hindern, einen eigenen Freundeskreis aufzubauen. Die Beziehung entwickelte sich zu einer Art Hassliebe und Hanna distanzierte sich innerlich immer weiter von der Schwester. Hinzu kam, dass Hanna kurz vor Gudruns Tod ihren Arbeitsplatz verloren hatte.

Nach dem Tod von Gudrun plagten Hanna schwere Vorwürfe. Sie wünschte, sie wäre ihrer Schwester eine bessere Hilfe gewesen, und gab sich die Schuld an Gudruns Tod. Im Nachhinein meinte sie Anzeichen von einer Krankheit gesehen haben zu müssen, die sie davon hätten abhalten sollen, mit ihrer Schwester zu streiten.

Hanna entwickelte Komplizierte Trauer. Ihre Geschichte beinhaltet viele Risikofaktoren: Die nahe Verwandtschaft als Zwillingsschwester, die Intensität ihrer Beziehung, die durch »Hassliebe« gekennzeichnet war, sowie die gemeinsame Erfahrung von Gewalt durch den prügelnden Vater in ihrer Jugend. Auch Hannas akuter psychischer Grundzustand (Panikattacken und Stress am Arbeitsplatz) war ein zusätzlicher Risikofaktor, der schon vor Gudruns Tod bestand und danach zusätzlich destabilisierend wirkte.

Weiterhin war der Umstand von Gudruns Tod, seine Plötzlichkeit, für Hanna ein Schock und damit ein zusätzliches Risiko, an Komplizierter Trauer zu erkranken. Als Hanna nach dem Tod von Gudrun plötzlich allein dazustehen schien, ohne den von ihrer

Schwester ›moderierten‹ Freundeskreis, fehlte es ihr an jeglicher sozialen Unterstützung. Verzerrte Gedanken, die sich um ihre vermeintliche Mitschuld am Tod der Schwester rankten, trugen ebenfalls zur Entwicklung von Hannas Komplizierter Trauer bei.

Schützende Faktoren

Dennoch kann man anhand von Risikofaktoren nicht mit Sicherheit vorhersagen, ob jemand eine Komplizierte Trauer entwickelt. In der Tat erhöhen sie nur die Gefahr dafür. Warum aber entwickeln andere Trauernde trotz Risikofaktoren keine Komplizierte Trauer?

Die sogenannten schützenden oder protektiven Faktoren sind solche äußeren oder inneren Umstände, die das Risiko, eine Komplizierte Trauer zu entwickeln, verringern können. Einige dieser Faktoren werden unter dem leider nicht besonders aufschlussgebenden Begriff Resilienz zusammengefasst, was in etwa so viel wie ›psychische Widerstandskraft‹ bezeichnet.

Resilienzen können sowohl im Handeln als auch im Denken von Menschen sichtbar werden. Es handelt sich hierbei vermutlich um individuelle Persönlichkeitsmerkmale und Eigenschaften, die es Menschen erlauben, in schwierigen Situationen ihre psychische und physische Gesundheit zu erhalten. Ein berühmtes Beispiel von Resilienz erzählt man sich über Abraham Lincoln. Nach wiederholten Wahlniederlagen soll er gesagt haben: »Und wenn du siebenmal hinfällst, wichtig ist, dass du achtmal aufstehst.«

Diese Merkmale sind sozusagen ein Teil der Persönlichkeit und können nicht kurzfristig »erworben« werden. So berichten manchmal Patienten, sie hätten beschlossen, nun einfach »positiv zu denken und ihr Schicksal anzunehmen«. Meistens enden solche Vorsätze darin, dass die Menschen enttäuscht sind, wenn sie immer noch von tiefer Trauer erfüllt sind. Ihr innerer Zustand deckt sich nicht mit ihrer äußeren Haltung. Ihre Hoffnung, dass positives Denken ihre Trauer ›wegzaubere‹, geht nicht auf. Natürlich soll dies keine Kritik an positivem Denken sein, aber es kann die Trauer nicht ersetzen und ihr schon gar nicht den Garaus machen.

Allerdings scheinen die meisten Menschen genügend resilient zu sein, um »erfolgreich« zu trauern, was heißt, dass sie sich der neuen Situation anpassen können.

- Gute soziale Vernetzung
- Unterstützendes familiales Umfeld
- Erhöhte Resilienz
- Vorerfahrung mit anderen Todesfällen und Verlusten
- Sichere ökonomische Existenzlage
- Gute psychische und körperliche Gesundheit
- Unabhängige Identität
- Gute kognitive Fähigkeiten

Abbildung 3: Protektive Faktoren für Komplizierte Trauer

Komorbide Beschwerdebilder

Ursprünglich hatte man diskutiert, ob es sich bei Komplizierter Trauer nicht um die Unterform einer bereits anerkannten psychischen Störung handelt (siehe zum Beispiel die Veröffentlichung aus der Arbeitsgruppe Kersting und Kollegen [2001]). So war im Gespräch, dass es sich bei dieser Trauerform möglicherweise um eine Art Traumafolgestörung, um eine Form der Angststörung oder um eine Form der Depression handeln könnte.

Zwar konnte man die Eigenständigkeit der Komplizierten Trauer inzwischen bestätigen und die Unterscheidung zwischen Depression, posttraumatischer Störung und Angst nachweisen, doch überschneiden sich diese Störungsbilder mit Komplizierter Trauer oder es besteht eine Ähnlichkeit.

Bei voreiligen Selbstdiagnosen ist daher Vorsicht geboten. Immer wieder melden sich Trauernde, die sich als depressiv oder traumatisiert bezeichnen, weil diese die »gängigeren« Erklärungen für ihr Leiden sind. Nach genauer Diagnostik leiden sie aber primär unter Komplizierter Trauer.

Neben einem erhöhten Suizidrisiko (siehe voriges Kapitel) ist noch eine Anzahl von weiteren Risiken mit Komplizierter Trauer verbunden. So erhöht sich zum Beispiel die Möglichkeit, gleichzeitig ein weiteres psychisches Beschwerdebild zusätzlich zur Komplizierten Trauer zu entwickeln. Diese zusätzlichen Beschwerdebilder bezeichnet man als komorbid. Es wird geschätzt, dass etwa 75 Prozent aller kompliziert Trauernden mit mindestens einem weiteren psychischen Beschwerdebild diagnostiziert werden können.

Die am häufigsten vorkommenden, gleichzeitig mit Komplizierter Trauer vorhandenen Beschwerdebilder sind Depressionen, die Posttraumatische Belastungsstörung und Angststörungen. Genaue prozentuale Angaben variieren allerdings beträchtlich, da sie aus verschiedenen Studien mit unterschiedlichen Studienteilnehmergruppen stammen.

Außerdem leiden kompliziert Trauernde häufig auch an Schmerzstörungen und Abhängigkeitsstörungen. Differentialdiagnostisch muss der Posttraumatischen Belastungsstörung und der Depression im Zusammenhang mit Komplizierter Trauer die größte Aufmerksamkeit gewidmet werden.

Wie Psychotherapeuten und Mediziner bei der Diagnostik vorgehen und mehr zur Forschung bezüglich des Zusammenhangs von Komplizierter Trauer und anderen psychischen Störungen findet sich bei Rosner und Kolleginnen (2015).

Posttraumatische Belastungsstörung – Trauer ist nicht gleich Trauma

Mitunter bezeichnen Hinterbliebene ihre Trauer auch als Trauma. Das ist verständlich und absolut anerkennenswert aus ihrer Perspektive, denn sie drücken damit aus, wie sich ihre Trauer für sie anfühlt. Es muss aber hier erwähnt werden, dass Trauer und Trauma – auch wenn sie sich für den Betroffenen ähnlich anfühlen – als zwei unterschiedliche und jeweils eigenständige Beschwerdebilder betrachtet werden. Trauer und Trauma sind also nicht das Gleiche, eins entsteht nicht aus dem anderen, aber man kann an beidem leiden; das gilt allerdings nur für eine begrenzte Gruppe von Hinterbliebenen.

Tatsächlich gibt es auf den ersten Blick Überschneidungen zwischen Komplizierter Trauer und der Posttraumatischen Belastungsstörung. Auf den zweiten Blick aber bestehen auch Unterschiede.

Die drei wesentlichen Unterschiede finden sich in den sogenannten Intrusionen, den Emotionen und hinsichtlich der Vermeidung.

Intrusionen

Bei Intrusionen handelt es sich um spontan und unerwartet auftauchende Vorstellungen, die sich im Fall von Posttraumatischer Belastungsstörung auf eine Bedrohung oder eine Gefahr beziehen und oft ein Gefühl der Angst hervorrufen, z. B. der Moment bei dem Überfall, als der Täter den Betroffenen zu Boden riss.

Intrusionen von kompliziert Trauernden beinhalten in der Regel Erinnerungen an den Verstorbenen und können sowohl positive als auch negative Gefühle wachrufen. Trauernde beschreiben diese Gefühle oft als Wehmut oder als bittersüß. So erinnert sich z. B. Denise mit Entsetzen an die gemeinsamen Campingurlaube, in denen ihr verstorbener Partner sich zum Entertainer des gesamten Campingplatzes machte, aber auch an seine sanfte sonore Stimme, wenn er Karaokeschnulzen sang. Diese Gefühle können aber trotz ihrer Intensität durchaus als trostspendend empfunden werden.

Unterschiede im Vermeidungsverhalten zeigen sich bei Posttraumatischen Belastungsstörungen meist im distinkten Vermeiden des traumatischen Inhaltes, während kompliziert Trauernde verlustbezogene Situationen vermeiden. So legen Traumaüberlebende gern die Tageszeitung beiseite, wenn sie einen langen Unfallbericht enthält; Trauernde wehren sich oft, zum Friedhof zu gehen oder Urlaubsorte zu wählen, an denen sie mit der verstorbenen Person waren.

Depression

Die am häufigsten komorbide, also zusammen mit Komplizierter Trauer auftretende Störung ist die Depression. Obwohl sich beide Beschwerdebilder durch Traurigkeit auszeichnen können, unterscheiden sich die beiden Konstrukte dadurch, dass Depressionen, im Gegensatz zur Komplizierten Trauer, meist keine eindeutigen auslösenden Geschehnisse aufweisen.

Dennoch kann eine Depression auch auf einen Verlust bezogen sein. In diesem Fall zeichnet sie sich oft durch Gefühle wie Schuld, Wertlosigkeit und Hoffnungslosigkeit aus; andererseits können auch Beschwerden wie Antriebslosigkeit, Müdigkeit und körperliche Schmerzen als Reaktion auf Verlust auftreten.

Außerdem unterscheiden sich Komplizierte Trauer und Depressionen in den Inhalten ihrer Intrusionen. Nur bei kompliziert Trauernden findet man darin auch positive Elemente, wenn die erinnerten Vorstellungsbilder zum Beispiel glückliche Zeiten reflektieren; depressive Patienten sind meist nicht in der Lage, positive Bewertungen zu äußern.

Die beiden Beschwerdebilder unterscheiden sich außerdem durch die Besonderheiten der oft kreisenden Gedankengänge, die sich bei Depressiven in Form von übermäßigem Verallgemeinern pessimistischer Zukunftserwartungen, exzessiver Selbstabwertung und Hoffnungslosigkeit im Hinblick auf die eigene Selbstwirksamkeit äußern. Bei Trauernden sind es häufiger Grübelgedanken, die von Unterlassungen handeln.

Substanzmissbrauch und Substanzabhängigkeit

Für anhaltend Trauernde besteht ein erhöhtes Risiko für Substanzmissbrauch. Entweder werden abhängig machende Substanzen aus eigener Entscheidung heraus als ›Bewältigungsstrategie‹ für Trauer eingesetzt, denn zum Beispiel mit ein, zwei, drei … Gläschen Wein sind die einsamen Abende oder die langen Wochenenden einfacher zu ertragen. Nicht selten aber berichten Patienten auch darüber, dass ihr Arzt abhängig machende Substanzen freizügig verschrieben hat. Außer diesen verschreibungspflichtigen Substanzen gehören auch frei verkäufliche Schlaf- und Beruhigungsmittel sowie Alkohol in die Kategorie abhängig machender Drogen.

Sie alle wirken, wenn überhaupt, nur kurzfristig symptomreduzierend (zum Beispiel im Sinne einer Senkung von innerer Unruhe oder Angst), sind aber nicht dauerhaft förderlich für eine angemessene Bewältigung und schließlich Lösung der Trauer insgesamt. Außerdem verlangen diese Substanzen früher oder später eine Steigerung der Dosis, um die gleiche Wirkung zu erzielen, beziehungsweise es kommt zu einer geringeren Wirkung bei gleichbleibender Dosis. Dieses Phänomen, die sogenannte Toleranz, entwickelt sich schneller, als man denkt, zu einem eigenständigen Problem, nämlich einer Abhängigkeit von dieser Substanz.

Ausdrücklich soll aber darauf hingewiesen werden, dass nicht alle Psychopharmaka ein Abhängigkeitspotential haben. So berichten Patienten häufig, dass sie, trotz Empfehlung ihres Arztes, keine Antidepressiva einnehmen möchten, weil sie fürchten, davon abhängig zu werden. Auch hier gilt, dass Antidepressiva nicht die Trauer behandeln. Häufig leiden Menschen jedoch, außer an ihrer Trauer, auch an Depressionen, die dann gegebenenfalls vom Arzt mit Medikamenten behandelt werden. Nach dem gegenwärtigen Stand der Forschung gilt, dass Antidepressiva kein Abhängigkeitspotential besitzen. Die gleichzeitige Behandlung mit diesen Medikamenten und einer Psychotherapie ist oft sinnvoll und zielführend. Die Verschreibung dieser Medikamente muss vom Arzt vorgenommen werden.

Angststörungen

Unter Angststörungen versteht man eine Anzahl spezifischer psychischer Störungsbilder. Im Mittelpunkt steht dabei eine Reaktion auf eine reale oder angenommene Bedrohung. Die damit verbundene, üblicherweise negativ wahrgenommene Anspannung intensiviert sich bei einer Angststörung bis zu einem lebenseinschränkenden Ausmaß. Menschen, die unter einer Angststörung leiden, berichten über emotionale, funktionale, kognitive und/oder körperliche Beschwerden.

In Verbindung mit Komplizierter Trauer treten Angststörungen vor allem unmittelbar nach dem Verlust auf. Am häufigsten beobachtet haben wir die sogenannte generalisierte Angststörung. Zunächst sind es oft konkrete existentielle Ängste oder Zukunftsängste, über die die Trauernden klagen. Sie fühlen sich, als ob ein Teil von ihnen mitgestorben wäre und der verbleibende Teil das nun bevorstehende Leben mit all seinen Aufgaben allein nicht mehr bewältigen kann. Hierbei steht die angenommene Hilflosigkeit im Vordergrund; oftmals wird sie in der Art geäußert: »Ich weiß nicht, wie ich ohne sie/ihn leben kann.«

Im Angesicht einer defizitären Situation als Folge des Verlustes, zum Beispiel bei einer finanziellen Verschlechterung, reagieren Trauernde nicht nur auf die tatsächliche Situation, sondern auch auf zukünftige Situationen, die sie sich vorstellen. Dabei verstärkt das Katastrophendenken die bereits bestehenden Ängste, die sich nun frei flottierend auf mehr oder weniger alles richten und in allem gesehen werden können.

Frau A.

Frau A. hatte ihr einziges Kind, einen Sohn, allein großgezogen. Beide mussten sie viel durchmachen: finanzielle Krisen, mehrere Umzüge, Stigmatisierungen. Dennoch brachte es Frau A. fertig, ihm zu einer guten schulischen Ausbildung zu verhelfen und ihn sogar studieren zu lassen. Ihr Sohn versprach ihr dafür, dass sie sich im Alter um nichts zu kümmern bräuchte und auch keine finanziellen Sorgen zu erwarten hätte. Vor einigen Wochen erlag der Sohn im Alter von 39 Jahren einem Herzinfarkt. Die Trauer von Frau A. um ihren Sohn schien keine Grenzen zu haben. Gleichzeitig aber mischte sich auch Angst unter ihre Trauer. Wer sollte nun im Alter für sie da sein?, fragte sie sich.

Schmerzstörungen

Schmerzstörungen sind eine häufige Form der sogenannten somatoformen Störungen. Diese sind gekennzeichnet durch anhaltende und wiederholt auftretende körperliche Beschwerden, also Schmerzen, für die keine organische Ursache gefunden werden kann. Oft sind sie verbunden mit einer sogenannten maskierten Trauer (siehe Abschnitt »Maskierte Trauer« in Kapitel 5).

Frau C.

Frau C. berichtete zu Beginn ihrer Therapie, sie habe seit dem Tod ihres Partners Gliederschmerzen in den Armen und kein Arzt habe ihr helfen können. Ihre Trauer hatte sich in Form von körperlichen Schmerzen gezeigt. Im Laufe der Therapie verschwanden diese Schmerzen und tauchten erst dann wieder auf, nachdem sie der Beerdigung einer Hausbewohnerin beigewohnt hatte. Ihr Grab befand sich in der Nähe des Grabes von Frau C.s Mann. Ihre Trauer um ihren Mann wurde dadurch wieder ausgelöst. Sie besann sich auf die Dinge, die sie in der Therapie gelernt hatte, um mit einer solchen Situation umzugehen, und die Gliederschmerzen nahmen wieder ab: körperliche Schmerzen als Barometer für ihre Trauer.

7. Was hilft bei Trauer?

Zeiten der Trauer sind für jeden Menschen besondere Zustände des Bewusstseins, die sich in allen Bereichen des Erlebens und Handelns äußern. Kompliziert gewordene Trauer lässt sich besser verstehen, wenn die allgemeinen Abläufe betrachtet werden, wie sie bei Trauernden üblicherweise zu erwarten sind. Aus diesem Grunde schildern die nächsten Abschnitte diese eher allgemeinen Merkmale des Trauerns, aus denen sich dann auch für von komplizierten Trauerprozessen geplagte Betroffene Hilfestellungen ableiten lassen.

Sprechen oder Anwesenheit – tun oder sein

Trauernde berichten immer wieder, wie wertvoll für sie die Unterstützung durch die einfache Anwesenheit eines wohlwollenden Menschen ist. Es braucht dabei keiner oder weniger Worte. Die bloße Anwesenheit zeigt den Trauernden, dass sie nicht allein sind, und sie bietet ihnen den Freiraum an, sich selbst zu äußern. In diesem Fall wird das Zuhören des Helfers zur größten Hilfe.

Oder muss man diskutieren, ob die – häufig und meist seitens der Helfer – geäußerte Ansicht überhaupt stimmt, dass es eigentlich auf die bloße Anwesenheit ankomme und die Worte überflüssig seien, vielleicht sogar stören würden? Ist das wirklich immer so oder zeigt sich hier eher der Versuch der Helfer, ihrer Ohnmacht und Wortlosigkeit eine positive Deutung zu verleihen? Denn wenn einem nichts Sinnvolles einfällt, dann ist es tatsächlich besser, man schweigt, anstatt etwas völlig Deplatziertes von sich zu geben.

Wir wissen allerdings nicht, wie ein einfühlsames und differenziertes Ansprechen der Situation vom Trauernden angenommen worden wäre. Es gibt eben keine Vergleichsmöglichkeit. Im Grunde ist davon auszugehen, dass ein präzises Ansprechen der Situation und des interaktionellen Prozesses vermutlich immer besser ist, denn diese Verbalisierung benennt dann ja auch die Unsicherheit, ob ein Gespräch jetzt überhaupt vom Trauernden gewünscht wird und wenn ja, worüber.

Überlässt man den Trauernden gleichsam seinem eigenen Trauerprozess, so kann dieser förderlich für die Verarbeitung des Verlustes, im ungünstigen Falle aber auch destruktiv sein – gegen sich selbst und gegen andere. So betrachtet ist es wohl günstiger, wenn ein Helfer die Situation zwischen sich und dem Trauerndem benennt, vielleicht auch die Unsicherheit darüber anspricht, ob der Trauernde denn über seine Situation sprechen möchte, ob er dem Helfer zuhören würde oder ob er damit zufrieden wäre, wenn beide schweigen.

Außerdem wechseln Situationen und Stimmungen ja oft sehr rasch – was gestern deplatziert gewesen wäre, kann heute goldrichtig sein. Und was für die eine Person willkommen wäre, kann von einer anderen als verletzend erlebt werden.

Es scheint somit voreilig, einem allgemeinen und absoluten Schweigemandat grundsätzlich den Vorrang zu geben. Schließlich hilft Sprache, die Situation zu differenzieren und die Begegnung zu fördern, nachdem man gehört hat, wie einer denkt und fühlt. Der Trauernde bleibt nicht seiner autistischen Interpretation des Geschehenen ausgesetzt, er erhält einen Austausch – und sei es darüber, dass er in seinem Empfinden verstanden wird und sich so verstanden fühlt.

Es hilft, wenn man ausspricht, dass man nicht vorhat, dem Trauernden einen Kontakt aufzudrängen, den Inhalt des Gesprächs zu bestimmen oder gar eine missionarische Predigt von Stapel zu lassen. Das alles lässt sich durch Worte schnell und hilfreich regeln: Ich bin da, ich weiß, was dir widerfahren ist, würde gern wissen, wie es dir geht, und ich bin bereit, mit dir über alles zu reden, was dich bewegt, muss es aber nicht.

Um die Akzeptanz zu erhöhen, ist es im Gespräch mit Trauernden in der Regel hilfreich, dass indirekte Bezeichnungen vermieden werden, die letztlich eine Art von Verharmlosung des Verlustes anbieten und dem Ereignis nicht angemessen wären. Der Gebrauch von Begriffen wie »entschlafen« oder »gegangen« könnte darauf hindeuten, dass der Helfer selbst nicht in der Lage ist, über den Tod zu sprechen oder ihn zu akzeptieren. Das kann sich auf den Trauernden übertragen.

Der Gebrauch von direkten Begriffen wie Tod und Sterben kann Trauernden das Gefühl vermitteln, dass der Gesprächspartner offen ist für Gesprächsinhalte, die sich mit ihrer Trauer auseinandersetzen. So nimmt der Helfer eine Modellfunktion ein, indem er den Trauernden ermuntert, vermiedene Begriffe wieder direkt zu verwenden, und zwar nicht nur im Gespräch zwischen Helfer und Trauerndem, sondern auch zwischen Trauerndem und anderen Hinterbliebenen.

Diese sprachliche Enttabuisierung war auch eine der Errungenschaften von Kübler-Ross, die mit ihrem Werk »On Death and Dying« (1969; auf Deutsch 1971) dazu beitrug, die besondere Bedeutung der Vermeidung von Begriffen wie Tod und Verlust in der Sprache zu würdigen.

Wohlwollende Worte: gut gemeint – schlecht getan

Beim Anblick des Leides von Trauernden ist es verführerisch, ihnen Trost zuzusprechen und Ratschläge anzubieten. Erfahrungsgemäß bewirken solche Maßnahmen aber eher wenig. Sie sind höchstens Gesprächsstopper. Nach Berichten von Trauernden waren insbesondere klischeehafte, oberflächliche und gedankenlose Redewendungen oder Mythen brüskierend oder verletzend.

Natürlich sind diese Worte gut gemeint, doch sie verfehlen ihren Zweck. Fakt ist aber, dass diese Aussagen eine große Macht ausüben, denn sie sind weithin bekannt, plakativ und polarisieren, geben vielleicht sogar Anweisungen ohne Begründung. Sich von solch weitverbreiteten ›Weisheiten‹ zu befreien oder sie zu ignorieren, ist allerdings schwierig. Sie haben eines gemeinsam: In der Regel helfen sie *nicht*.

Hier sind einige Beispiele:

Über Tote spricht man nicht schlecht.

Fakt ist, wenn ich um jemanden trauere, muss ich um die gesamte Person trauern. Natürlich vermisse ich die positiven Aspekte der Verstorbenen mehr als ihre schwierigen Seiten. Solange ich aber nur diese betrauere und nicht die gesamte Person in meinem Denken und Fühlen repräsentiere, habe ich noch »offene Rechnungen«, die dann später die Erinnerung belasten.

Hierbei ist natürlich der Verlauf der Trauer zu berücksichtigen. Wenn bei manchen Menschen vielleicht die Anfangsphase der Trauer von Idealisierung des Verstorbenen geprägt ist, kommt es erst später, wenn überhaupt, zu einer kritischen Distanzierung. Andere Menschen wiederum haben ein gegenläufiges Ablaufmuster, sie beginnen damit, zuerst alle Schandtaten und Schwächen des Verstorbenen zu betonen, und werden danach allmählich frei, auch seine guten Seiten echt und nicht nur klischeehaft zu würdigen.

Greift man hier zu früh und zu forsch korrigierend ein, stört man den für jeden Menschen individuell passenden Trauerrhythmus. Wen wundert es dann, wenn sich der Trauernde abwendet, da er sich nicht respektiert und verstanden fühlt.

Zeit heilt alle Wunden.

Fakt ist, mit der Zeit verändert sich tatsächlich alles, denn nichts bleibt, wie es ist. Vor allem, wenn man bedenkt, dass ohnehin alles, was ist, nur durch die Filter unserer Wahrnehmung und Wirklichkeitskonstruktion zu dem wird, wovon wir meinen, dass es ›ist‹.

Also – Zeit verändert alles, aber nicht zwangsläufig zum Guten. Denn wenn man zunehmend bemerkt, wie viel und wie sehr einem jemand fehlt, wird die Sehnsucht nach der verstorbenen Person möglicherweise immer größer, die Trauer stärker und in der Folge davon beginnen sich im Alltag immer größere und gravierendere Einschränkungen breitzumachen.

Kommt Zeit, kommt Rat.

Fakt ist, wenn Wissen allein, vermittelt durch z. B. die Lektüre von Ratgebern oder der Besuch von Vorträgen ausreichend helfen würde, wäre das relativ einfach: Man lernt, was hilft, und müsste dann einfach nur warten.

Nun aber soll das Wissen an sich über die Besonderheiten des Trauerprozesses nicht abgewertet werden, im Gegenteil. Es hilft sicher weiter, man versteht sich selbst und andere Betroffene besser. Die Lektüre von Ratgebern bietet allgemeine Modelle an, wie mit belastenden Zuständen der eigenen Psyche umgegangen werden kann. Ratgeber ermuntern auch dazu, sich bestimmten schwierigen Situationen und Emotionen nicht mehr zu verschließen. Entscheidend ist dann aber das eigene Erleben, das man im Zuge der Konfrontation mit bislang vermiedenen Erfahrungen von Trauerprozessen bewusst riskiert – was macht, was erlebt, was denkt die trauernde Person in der Zeit, die nach dem Verlust vergeht.

Der Spruch »Kommt Zeit, kommt Rat« suggeriert jedoch eher eine passive Haltung des Abwartens in der Hoffnung, dass man sich nicht eigenverantwortlich gegenüber der verstorbenen Person positionieren und man sein Selbst durch die interne Neugestaltung der Beziehung auch nicht reorganisieren müsse. Das Gegenteil ist notwendig: Sich auch gegenüber der verstorbenen Person eigenverantwortlich zu positionieren, schafft genau die Abgrenzung, vor der Trauernde zurückschrecken, die zur Entwicklung eines neuen Selbstwertgefühls nach dem Verlust unerlässlich ist. Dazu gehört auch die lebendige Pflege gegenwärtiger realer, vielleicht sogar neuer Beziehungen – also das Gegenteil von dem, was durch sozialen Rückzug und Abwarten angepeilt werden mag. Trauern ist »erfolgreich«, wenn es von einer inneren und äußeren Aktivität begleitet und unterstützt wird.

Tote soll man ruhen lassen.

Fakt ist, die Toten leben in unseren Gedanken, Vorstellungen und Gefühlen weiter. Sie begleiten uns. Und wir erinnern uns an das gemeinsame Leben mit ihnen – mit allen Ecken und Kanten – und wie sie ihr Leben gelebt haben. Tote in die Verbannung schicken? Wie sollte das gehen?

Auch hier ist die aktive Auseinandersetzung, die innere Begegnung eher der Weg der Wahl. So paradox es klingen mag, aber die Beziehung zu einem Menschen entwickelt sich zwangsläufig *nach* seinem Tode weiter! Das Selbst des Trauernden beginnt sich in der Begegnung mit dem Verstorbenen neu zu formieren und bringt so in der täglichen gedanklichen Begegnung die innere Beziehung und damit das eigene Selbst auf ein neues Niveau. Je nachdem, wie die verstorbene Person ›gedacht‹ wird, formiert sich auch das mit diesem gedachten Gegenüber in Beziehung tretende Selbst. Da die reale Person nicht mehr antwortet, ist sie gewissermaßen dem ausgeliefert, wie man sie »sich denkt«.

Dieser Prozess läuft natürlich Gefahr, durch einseitige Erinnerung in Idealisierung oder Abwertung umzuschlagen, manchmal sogar in kurzer Abfolge. Damit würde auch das Selbst der Trauernden beeinflusst, da die Erinnerung an die verstorbene Person immer auch die Beziehung zu ihr, und somit das Selbst der Trauernden, berührt.

Helfer können in diesen Prozess stabilisierend eingreifen, indem sie entstehende Einseitigkeiten ansprechen und nach Erinnerungen fragen, die das Bild des Verstorbenen wieder realistischer werden lassen. Es hilft auch, die inneren Bedingungen – z. B. Gefühle oder bestimmte Erinnerungen – zu identifizieren, die zu entstellenden inneren Dialogen führen. So kann die Instabilität der Selbstprozesse in der Trauerphase erkannt und reduziert werden.

Das Ausmaß der Trauer bezeugt die Liebe zum Verstorbenen.

Fakt ist, dass sich Liebe nicht messen lässt. Auch nicht durch die Trauer. Außerdem sind es oft die ambivalenten Beziehungen, die uns kompliziert trauern lassen. Die Erfahrung zeigt, dass wir uns mit Menschen schwerer tun und auch die Lebensphasen mit ihnen schwerer abschließen – sie also nicht so problemlos gleichsam der Vergangenheit übergeben können –, wenn die Beziehungen problematisch waren.

Denn die Überzeugung oder einfach ein Gefühl, dass in einer Beziehung noch etwas offen ist, bewirkt, dass wir uns an diesen Menschen förmlich ketten (siehe hierzu auch den Abschnitt »Komplizierte Trauer als Folge unerledigter Beziehung« in Kapitel 1). Wir meinen, wir hätten etwas noch nicht erledigt, unsere Chance zur Gestaltung einer friedlichen Beziehung nicht genutzt. So klammern wir uns an diesen Menschen in der Hoffnung, dass wir durch unser Festkrallen an den Erinnerungen noch etwas korrigieren könnten. So, als wären wir dem Verstorbenen noch eine Art der Buße schuldig, die wir in Form von anhaltendem Leiden, wie beim »Abstottern« einer Schuld, auszugleichen versuchen.

Inneren Frieden aber schaffen wir eher dadurch, dass wir die Unerledigtheit einer Beziehung annehmen, was eher gelingt, wenn man auch die unschönen Aspekte zulässt und sie nicht im Gedächtnis zu unterdrücken versucht.

Ihr könnt doch noch weitere Kinder kriegen.

Fakt ist, der Verlust gerade dieses Kindes ist schwer, so jung es auch gewesen sein mag – möglicherweise sogar nie geboren. Jeder hat das Recht, seine Verluste zu betrauern.

In diesem, wie in all den anderen Beispielen, in denen versucht wird, durch Herunterspielen des schmerzvollen Erlebnisses Trost zu vermitteln, fühlt man sich als Trauernder einfach nicht verstanden. Der Ärger mag zwar im ersten Augenblick mobilisierend wirken, doch wenn man sich von unqualifizierten Tröstungsversuchen unsensitiver Helfer abwendet, fördert dies nicht das im Trauerprozess so wichtige Erleben von Verbundenheit. Dies kann man dann eher im Kontakt mit Freunden erfahren, die mit Empathie und Mitgefühl auf den Trauernden zugehen.

Andere Mütter haben auch schöne Töchter (Söhne).

Fakt ist, Trauer ist keine Singlebörse. Ähnlich wie bei dem Spruch zuvor, ist es nicht hilfreich, die Wucht des Verlustes abwiegeln zu wollen. In Zeiten tiefster Trauer um einen Partner sehnt man sich nach ihm/ihr. Eine Beziehung mit jemand anderem ist meist nicht vorstellbar. Es ist in der Situation generell schwer, Zukunftspläne zu machen. Trauernde empfinden solche Äußerungen als respektlos ihnen und den Verstorbenen gegenüber.

Wein' du nur, das hilft.

Weinen entlastet, keine Frage. Fakt ist aber auch, dass Trauern und Tränen nicht zwingend positiv miteinander zu tun haben. Es gibt Untersuchungen, nach denen der Ausdruck starker negativer Emotionen im frühen Trauerprozess später eher mit einer erhöhten Belastung einherzugehen scheint (Bonanno, Papa, Lalande, Zhang & Noll, 2005). Somit kann kurzfristig für die einen das Weinen tröstlich oder befreiend sein, für die anderen aber kann es langfristig zur Belastung werden.

Man sollte derartige Untersuchungen aber sehr genau prüfen, bevor man ihre Ergebnisse verallgemeinert. Häufig sind es Befragungen, die lange nach dem Verlustereignis erhoben wurden, und es ist eher anzunehmen, dass im Falle der viel später noch bestehenden Trauerbelastung die retrospektive Beantwortung durch die akute Belastung stark mitbestimmt wird. Wem es zum Beispiel zwei Jahre nach dem Verlust einer wichtigen Bezugsperson noch sehr schlecht mit dem Verlust geht, der wird vielleicht die Heftigkeit der damaligen Reaktion als stärker einschätzen. Schnellschüsse aufgrund von Retrospektivbefragungen sind daher nicht unbedingt für unumstößlich wahr zu nehmen, stellen im vorliegenden Fall aber immerhin eine ansonsten nicht hinterfragte Volksmeinung in ein etwas anderes Licht.

Weinen ist aber auch nicht gleich Weinen. Es kommt dabei auf das Gefühl an, das die Tränen trägt und bestimmt, was in den Tränen zum Ausdruck gebracht wird. Es spielt auch eine große Rolle, ob die Trauer unter Tränen durch den Trauernden selbst unterstützt wird. Wenn er sich zum Beispiel seiner Tränen schämt, sein Weinen als eine Art Versagen, gar als einen peinlichen »Nervenzusammenbruch« ansieht, wäre es ein zusätzlicher Konflikt für ihn, würde man Tränen quasi als Zeichen der Trauer einfordern wollen.

Auch sind Tränen nicht gleich Tränen. Jeder weiß, dass Tränen auch instrumentalisierbar sind, das heißt, dass sie zu einem bestimmten Zweck eingesetzt werden können. Wenn ein tränenreicher Vater von seinen Töchtern eine größere Präsenz wünscht, so kann dies durchaus manipulierend wirken. In so einem Fall würden die Tränen einer hilfreichen Trauer sogar im Wege stehen.

Probier's doch mal mit … (es folgen gute Ratschläge)

Fakt ist, dass Trauer eine so individuelle Reaktion ist, dass auch die bestgemeinten Ratschläge, die sich womöglich noch auf Nachahmungen von anderen beziehen, oft nicht hilfreich sind (und manchmal eher schädlich).

Vor allem wäre das wieder ein Angebot, bei dem der Trauernde, anstatt in Kontakt mit seinen eigenen Bedürfnissen zu kommen, nach außen schaut, um Rettung zu suchen. Was hilfreicher zu sein scheint, ist der Kontakt zu sich selbst, zu den eigenen Gefühlen und Bedürfnissen. Diese zu unterstützen und zu akzeptieren, damit der

Trauernde dann die eigene Haltung zum Verstorbenen, zur Umwelt und zu sich selbst eigenverantwortlich entwerfen kann, wäre ein selbstbestimmtes Ziel für trauernde Menschen.

An Helfer gerichtet: Reden ist Silber – Schweigen ist Gold.

Wie schon zuvor betont, ist Schweigen vielleicht hilfreich, wenn man nicht sicher ist, ob der Trauernde für einen Gesprächskontakt offen ist. Fakt ist, dass durch das Ansprechen der Situation auch eine deutliche Entlastung für den Trauernden entstehen kann und er es ebenfalls eher wagen wird, sich in seiner Trauer auszudrücken.

Bevor wir solche, zwar meist wohlgemeinten, doch de facto deplatzierten Sprüche loslassen, ist zu überlegen, ob der Trauernde nicht vom Zuhören des Helfers mehr profitiert, als von dessen gut gemeinten Ratschlägen. Die Wahrheit ist wahrscheinlich etwas komplexer. Was in der einen Phase des Trauerprozesses hilfreich sein kann, das kann in einer anderen Phase eher stören. Vielleicht ist es ratsam, genau diese Passung von Trauerndem und Helfer im Gespräch miteinander zu erörtern. Schließlich kann man nachfragen, ob ein Gespräch willkommen ist, vielleicht auch ein Rat oder ob die trauernde Person lieber schweigend in Gegenwart des Helfers bleiben möchte, um Erinnerungen nachzuhängen. Zudem darf jeder Helfer, wenn nötig, offenbaren, dass ihm gerade die richtigen Worte fehlen.

Wie ist es im Falle komplizierter Trauerprozesse?

Vermutlich bleibt auch in diesen Fällen keine andere Wahl, als die Kommunikation über die Bedürfnisse der Betroffenen zu suchen, um herauszufinden, ob Interesse an einem Gespräch und an welchen Inhalten besteht. Die Helfer können ihre Angebote schildern und mit den Betroffenen über deren Wünsche sprechen, bevor sie das Gespräch auf das Thema Verlust und Trauer lenken.

Grundsätzlich stellt sich die Frage, ob das exzessive Verweilen in einem tiefen Trauergefühl wirklich Ausdruck von ›Trauerarbeit‹ ist, im Sinne von innerem Abschiednehmen von der verstorbenen Person. Das Festhalten an dem Gefühl von Verzweiflung, lange nach dem Verlustereignis, kann vielleicht auch Ausdruck einer Verweigerung sein, die neue Wirklichkeit anzuerkennen. In dem Fall wäre dies ein regressiver Bewältigungsversuch, der kurzfristig seine sinnvolle Funktion haben mag, langfristig aber die psychische Destabilisierung zementiert und den Trauerprozess kompliziert gestaltet.

Wünschenswert wäre ein behutsames Heranführen der kompliziert trauernden Person an ganz konkrete Gegenwartsthemen. Bei gleichzeitigem Ausdruck des Mitgefühls, würde die ›patente‹ Seite des Trauernden wieder aktiviert und damit ein bestimmtes Gefühl von Kompetenz und Sicherheit vermittelt. Das ist aber ein innerer Zustand, der mit den Gefühlen von Verzweiflung, Hilflosigkeit und Ohnmacht unvereinbar ist. Lässt sich jemand in den destruktiven Gefühlen der Trauer versinken, *fühlt* er sich nicht nur so, sondern *wird* auch so: Er ist dann chronisch verzweifelt, hilflos und ohnmächtig. Das wäre dann keine psychisch gesunde Form von Trauer mehr, sondern eben chronifizierte ›Komplizierte Trauer‹, die das Selbst des Menschen weiter destabilisiert.

Trauer und Familie

In der Regel erschüttert der Tod eines Menschen meistens mehrere Personen in seinem Umfeld. Wenn es sich dabei um ein Familienmitglied handelt, das aus der Mitte dieser Gemeinschaft gerissen wurde, dann trauert die ganze Gruppe um diesen Menschen. Studien belegen die positive Wirkung des gemeinsamen Trauerns innerhalb der Familie und Familientherapeuten erklären uns, dass das Verhalten einer Familie am ehesten im Kontext ihrer eigenen Geschichte verstanden werden kann.

Wenn keine spezifischen Umstände zusätzlich wirksam wurden, bestimmt die Nähe zum Verstorbenen und die Wichtigkeit seiner Stellung innerhalb der Familie das Ausmaß der Trauer. Mit dem Tod beginnt für die Familie eine neue Ära. Der Verlust eines Familienmitgliedes bringt die ganze Familie aus dem Gleichgewicht. Familientherapeuten veranschaulichen dies gerne am Bild eines Mobiles. Wird ein Teil des Mobiles abgenommen, gerät das gesamte Gefüge aus dem Gleichgewicht: Teile hängen schief und einzelne Elemente bewegen sich oft schnell durcheinander. Ebenso ist die Familie nun bemüht, die Balance wiederherzustellen, das heißt, einzelne Teile bewegen sich in andere Positionen, rücken manchmal näher zusammen, manchmal weiter auseinander, damit wieder ein Gleichgewicht entsteht.

Systemische Therapeuten beschreiben die folgende »Teamdynamik«: Aufgrund der Krise durch den Tod kann man zunächst meist ein näheres Zusammenrücken der Familienmitglieder beobachten (zentripetale Bewegung) und eine Stärkung der Grenzen gegenüber der Außenwelt, was häufig als sehr tröstend empfunden wird (»Zusammen sind wir stark. Wir schaffen das.«).

Später beginnen die Mitglieder sich eher wieder etwas voneinander zu entfernen, das heißt, die erlebte Distanz zwischen den Familienmitgliedern wird vergrößert (zentrifugale Bewegung) und die Abgrenzung zur Außenwelt wieder gelockert (das Wir weicht dem Ich: »Ich schaffe das auch alleine. Die Nähe erdrückt mich.«). Das empfinden manche Familienmitglieder dann vielleicht als verletzende Zurückweisung und es kann zu sozialem Rückzug oder zu Konflikt kommen. Eine offene Diskussion im Familienkreis kann diesen Prozess bewusst erleben und die Selbstentwicklung stützen helfen. Im psychotherapeutischen Kontext gehört diese Information zur Psychoedukation.

Wenn der Tod eines Familienmitglieds plötzlich und unerwartet war, wie durch einen Herzinfarkt oder einen Unfall, muss die Familie sich schneller mit dieser Krise auseinandersetzen als im Fall des Todes nach einer langen Krankheit. Möglicherweise gingen dem Tod des Familienmitglieds bereits Konflikte über die Rollenverteilung in der Familie, den Umgang mit Ressourcen oder die zu erwartende Verteilung des Erbes voraus.

Erschwerend kommt hinzu, dass im Falle des plötzlichen Todes die Familienmitglieder sich von dem Verstorbenen vor seinem Tod nicht verabschieden konnten. Das kreiert Chaos und Schuldgefühle innerhalb der Familie und hat erhebliche Auswirkungen auf deren Mitglieder. Grundsätzlich aber müssen zwei Aufgaben wahrgenommen werden: Umgang mit Verlust und Trauer sowie die Anstrengung, die Familie vor einem etwaigen Zerfall zu bewahren.

Wahrscheinlich ist, dass die Mitglieder einer Familie nicht den gleichen »Trauerstil« haben. Die einen mögen ihre Trauer mehr für sich behalten, während die anderen ihre Trauer offen zum Ausdruck bringen. Oft bahnen sich dadurch Konflikte an, und wir können immer wieder beobachten, dass verschiedene «Trauerstile« oder der unterschiedliche Umgang mit dem Verlust eines Mitglieds innerhalb einer Familie oder eines Freundeskreises zu Problemen führen, da man den jeweils anderen in seiner Art zu trauern nicht versteht.

Besonders zum Tragen kommt dies, wenn ein Familienmitglied die direkte Vermeidungsstrategie wählt, ein anderes Mitglied sich aber intensiv und dauernd mit dem Verlust beschäftigt (indirekte Vermeidung). Zeigen Trauernde keine äußeren Merkmale, die auf ihre Trauer hindeuten, wird ihnen oft unterstellt, dass sie das Geschehene nicht berühren würde, ja, ihnen der Verlust »nichts ausmache« oder sie die Verstorbene bereits vergessen hätten.

Andererseits haben Freunde oder Familienangehörige oft kein Verständnis dafür, dass die Trauer so unmissverständlich nach außen getragen wird. Sie halten dies für ein »Sichgehenlassen« oder »mangelndes Sichzusammenreißen«. So ist es dem einen zu viel, dass die andere ständig zum Grab geht. Andererseits wird die Zurückhaltung des einen von der anderen als Desinteresse am Verstorbenen interpretiert. Sie will einfach nicht verstehen, warum der andere den Toten anscheinend schon vergessen hat. So verschlimmern Interpretationen der Verhaltensweisen von anderen Familienmitgliedern oft noch die Konflikte.

Obwohl alle Familienmitglieder selbst trauern, ist es für sie schwer, ihre Nächsten leiden zu sehen, und sie sehen sich in der Pflicht, dem Leiden der anderen Abhilfe zu schaffen. Aktivitäten und Themenwechsel oder das Vermeiden des Themas insgesamt sollen die anderen Trauernden von ihrem Leid befreien. Sie tragen schwer an der Verzweiflung der anderen oder es ist ihnen unverständlich, warum deren Trauer nicht bald »zu Ende« ist. Manchmal berichten sie von »großem Frust«, Ärger oder Ungeduld, weil ihre gut gemeinten Hilfsangebote nicht fruchten und die Trauer der anderen nicht endet.

Der so zum Ausdruck gebrachte emotionale Druck wird mit großer Wahrscheinlichkeit aber den Prozess der Komplizierten Trauer eher fixieren, eine defensive Haltung der Trauernden auslösen und die Stagnation verfestigen.

Rolf und Sabine

Vor einem halben Jahr hatten sich Rolf und Sabine über ihre geplante erste Schwangerschaft gefreut. In der elften Woche jedoch hatte Sabine eine Fehlgeburt, obwohl bis dahin alle Untersuchungen gut verlaufen und die Testergebnisse alle negativ, also gut, waren. Das Ende der Schwangerschaft durch die Fehlgeburt war ein schwerer Schlag für beide. Sie hatten sich so auf ihr erstes Kind gefreut, waren überzeugt, dass es ein Junge war, und hatten sich sogar schon auf einen Namen geeinigt.

Nun wussten sie, dass eine Fehlgeburt vor der zwölften Woche nichts Seltenes war. Und sie beruhigten sich mit dem Gedanken, dass in der Vergangenheit und heute noch in medizinisch schlechter versorgten Gebieten frühe Schwangerschaftsstadien und eine Fehlgeburt oft gar nicht bemerkt wurden. Der Gynäkologe versicherte ihnen, dass einer weiteren Schwangerschaft nichts im Wege stünde und Sabine sicher bald erneut schwanger werden würde.

Rolf ging sofort wieder seiner Arbeit nach, nahm seine Hobbys wieder auf und ging mit seinem Freunden aus. Sabine wollte sich zunächst zu Hause erholen. Bald begann sie sich zu fragen, was sie wohl falsch gemacht haben könnte, das diese Fehlgeburt verursacht hatte. All die Babykataloge starrten sie an und erinnerten sie an den Verlust ihres Babys.

Sie konnte nur noch daran denken und sie begann sich zurückzuziehen, hatte keine Freude mehr an früheren Aktivitäten, beneidete ihre Freundinnen um deren Kinder, vermied jeglichen Kontakt mit ihnen und widmete jede Minute den Gedanken an ihr verlorenes Kind. Als der Arzt »grünes Licht« gab und Rolf sich seiner Frau wieder sexuell nähern wollte, kam es zu einem großen Streit, in dem Sabine Rolf beschuldigte, nicht um sein verlorenes Kind zu trauern. Rolf konnte das Verhalten seiner Frau nicht nachvollziehen und warf ihr vor, sich nicht mehr um ihre Partnerschaft zu kümmern. Dass beide unterschiedlich mit ihrer Trauer umgingen, lernten sie in einer Selbsthilfegruppe für verwaiste Eltern.

Nicht selten erheben Familienmitglieder untereinander den Anspruch auf Zeit: »Jetzt ist es schon so lange her, da musst du doch auch mal wieder aufhören mit deiner Trauer.« Die Wahrheit ist: Es gibt keine grundsätzliche Zeitbegrenzung für Trauer. Selbst Komplizierte Trauer lässt sich nicht ausschließlich am Zeitfaktor festmachen. Gut gemeinte Ratschläge der Familie können Trauer keinen Einhalt gebieten und soziale Isolation der Trauernden ist oft die Folge.

Ein Beispiel: In unserer Behandlungsstudie für Komplizierte Trauer an der Ludwig-Maximilians-Universität in München lag der Tod des Vaters einer Patientin 37 Jahre zurück. Erst dann war für sie die Zeit gekommen, sich mit ihrer Trauer auseinanderzusetzen. Das ist das Recht auf Selbstbestimmung für Trauernde. Sie haben das Recht, auf ihre Art zu trauern, solange sie wollen. Nur wenn sie um Unterstützung bitten, ist die Hilfe der Helfer angesagt.

Wünschenswert in diesem Zusammenhang wäre es dennoch, wenn auch von Seiten der Gesetzgebung und vor allem der Arbeitgeber mehr Flexibilität im Umgang mit Angehörigen nach Todesfällen geschaffen würde, auch dann, wenn es sich bei dem Verlust gar nicht um Mitglieder der Primärfamilie handelt.

So berichtete eine Patientin, die in der Familie ihrer Tante groß wurde, dass nach deren Tod die Hochschule sich weigerte, ihr entsprechende Tage seminarfrei zu geben, damit sie zur Beerdigung der Tante, die mittlerweile im Ausland wohnte, reisen konnte. Eine längere Befreiung vom Unterricht stünde ihr nur zu, wenn es sich um Verwandte mit näherem Verwandtschaftsgrad handelte. Jahre danach fühlte sie sich, als ob sie sich von der Tante nicht verabschiedet hätte und ihr zudem nicht den gebührenden Respekt zuteilwerden ließe. Verständlich, dass dies ihre Trauer signifikant beeinflusste – in negativer Weise.

Rolle und Aufgaben der Helfer

Parallelprozesse und Abgrenzung

Inmitten akuter Trauer empfinden Trauernde enormen Stress und sind naturgemäß nicht in der Lage, diesen zu verringern. Um diesen Stress nicht noch mehr zu vertiefen, ist es wichtig, dass Helfer sich nicht in die Stressmühle hineinziehen lassen. Das heißt aber nicht, dass sie teilnahmslos (›cool‹) sein müssen, sich innerlich gleichsam vom Gefühlsleben der Hinterbliebenen distanzieren. Aber für Helfer dürfte hier gelten, dass Worte und Taten nicht primär von den eigenen Gefühlen geleitet werden sollten. Es ist wichtig, die Trauer der anderen nach Möglichkeit nicht zu stören oder sie gar mit der eigenen zu vermischen. Die Helfer erleben den Verlust nur aus zweiter Reihe, denn diese Trauer ›gehört‹ anderen.

So gesehen fällt der Umgang mit Sterben, Tod und Trauer in der Regel nicht übermäßig schwer. Andererseits ist Tod und Trauer ein Thema in Beratung und Therapie, bei dem man mit Sicherheit davon ausgehen kann, dass auch Helfer ihre eigene persönliche Erfahrung damit haben. Deshalb muss auf Parallelprozesse geachtet werden – Gefühle der Berater, die Reaktionen auf selbst erlebte Verluste darstellen, die vielleicht abgewehrt, deren Implikation für die Lebensgestaltung vermieden werden.

Was in diesen Augenblicken im Erleben der Berater an unerledigter Trauer losgetreten wird, sollte nicht den emotionalen Ablauf der akut trauernden Person bestimmen. Was für die Berater selbst stimmig und wichtig sein kann, hat primär wenig mit der Trauer der zu Beratenden zu tun und kann deren Prozess erheblich stören. Differenzierte Abgrenzung wäre hier anzustreben, also eine Form, den Kontakt zu gestalten, bei der die Helfer ihre eigenen emotionalen Prozesse sehr wohl beachten, sie aber nicht in einer Weise ausdrücken, dass sie diese den primär trauernden Personen förmlich überstülpen.

Zur Abgrenzung gehören auch die Einhaltung der für diese besondere Art der Helferbeziehungen geltenden Regeln und die Berücksichtigung einer Zeitstruktur. Wenn wir als Helfer einen Trauernden unterstützen, so tun wir das in der Regel in einer uns vorgegebenen Rolle. Freunde oder Familienmitglieder sind diesbezüglich in einer grundsätzlich anderen Position. Wichtig ist, dass professionelle Helfer sich nicht plötzlich in die Position eines Freundes oder Familienmitgliedes drängen, sich quasi anbiedern und unangebrachte Dienste anbieten.

Ebenso ist es ratsam, wenn Familienmitglieder sich nicht zu quasiprofessionellen Helfern stilisieren. Krisenhelfer zum Beispiel sollten die Trauernden nicht zu sich nach Hause auf eine Tasse Kaffee einladen. Für Familienangehörige heißt das, dass sie eher in ihrer der Familienstruktur entsprechenden Rolle bleiben sollten, der Vater nicht plötzlich zum besten Freund oder Krisenhelfer werden muss und die Tochter nicht zur Mutter. Das würde die Ressourcen der Familie zur Bewältigung des Verlustes eher schwächen.

Die Einhaltung von gegebenen Strukturen bedeutet auch ein Stück weit die Wiederherstellung der Selbstsicherheit, in gewissem Sinne der ›Selbst-Sicherheit‹, also der Sicherheit, sein eigenes Selbst stabil, annehmend und im Vertrauen auf seine Fähigkeiten zu gestalten. Das bedeutet für Trauernde, dass sie in ihrem Rahmen so sein dürfen, wie sie jetzt eben sind, und dass sie als in ihrer eigenen Art Trauernde respektiert werden. Eine Selbstsicherheit, die ihnen durch den Verlust genommen wurde.

Schweigepflicht

Die Gewährung der Anonymität ist enorm wichtig in der Arbeit mit Trauernden. Man stelle sich vor, ein Gesprächspartner unterstützt den Trauernden dabei, sein Herz auszuschütten, was in der Regel auch bedeutet, dass unerledigte Gefühle, erlebte Kränkungen, Verletzungen, die sich im Laufe der Jahre des Lebens mit dem Verstorbenen angehäuft haben, zum Ausdruck gebracht werden. Wenn derselbe Berater dann auch mit anderen Familienmitgliedern oder mit Bekannten des Verstorbenen Kontakt hat, wird er sich sehr gut kontrollieren müssen, um keine der Informationen, die er anderweitig erfahren hat, preiszugeben.

Es ist überaus hilfreich für Trauernde, wenn sie wissen, dass sie ihr Leid jemandem ungefiltert und im Vertrauen mitteilen können. Der Austausch von Informationen über einen Trauernden (oder jede andere Person) sollte deshalb, wenn überhaupt, nur mit deren

Wissen und Zustimmung geschehen. Andernfalls gilt die Devise, die wir von amerikanischen Selbsthilfegruppen gelernt haben:

»Who you see here,	(Wen du hier siehst,
What you hear here	was du hier hörst,
Is to stay here	muss hier bleiben,
When you leave here."	wenn du von hier weggehst.)

Eine Ausnahme von dieser Schweigepflicht wäre zu erwägen, wenn Helfer Suizidabsichten beim Trauernden vermuten (siehe den Abschnitt »Gefahr der Selbstgefährdung oder Wunsch auf Wiedervereinigung?« in Kapitel 2).

Auch innerhalb der Trauerfamilie bewährt es sich, mitgeteilte persönliche Informationen eines Mitgliedes nicht ungefragt an andere Familienangehörige weiterzugeben. Wenn dies aus triftigen Gründen im Verständnis des einen Angehörigen aber nötig sein sollte, so empfiehlt es sich, dies mit dem Gesprächspartner vorab zu klären. Selbstverständlich unterliegen die Familienmitglieder untereinander aber nicht der gesetzlichen Schweigepflicht.

Auswirkung des Helfens auf Helfer

Für die Hinterbliebenen ist die Hilfe eines Helfers in der Regel zuerst einmal eine Art von Eindringen in jene psychische »Taucherglocke«, die den Trauernden abschirmt, schützt, aber auch isoliert. Das Angebot des Helfers wird, selbst wenn der Trauernde ursprünglich die Hilfe gesucht haben mag, vielleicht in den konkret gewordenen Aspekten der Hilfestellung als eine Einmischung, vielleicht sogar Kritik erlebt. Zumindest aus der Sicht des Trauernden ist damit in gewisser Weise eine Art Grenzüberschreitung verbunden, ein Einbruch in den persönlichen Raum der Einheit von Trauerndem und Verstorbenem. Zwar will er in der Regel Hilfe, aber eben nicht »so«, das heißt, dass die Trauer zuerst einmal durch das Nachfragen des Helfers intensiviert wird.

Wenn wir es ernst damit meinen, dass wir den Trauernden absolute Selbstbestimmung zugestehen, so kann das natürlich auch darin münden, dass die Hilfe von ihnen zurückgewiesen wird. Es muss dem Trauernden auch zu Beginn des Hilfegesprächs deutlich vermittelt werden, dass er dies jederzeit tun kann, ja dass man es sogar als Helfer braucht, dass der Trauernde sich abgrenzt, wenn ihm Methode oder Inhalt des Hilfsangebotes nicht behagen. Der Umstand, dass ganz allgemein Hilfe gesucht wurde, ändert nichts daran, dass in den konkreten Interaktionen, in denen der Helfer an die vulnerable Grenze des Trauernden herantritt, diese Grenze erst einmal dichtgemacht wird.

Das Akzeptieren dieser Zurückweisung ist für die Helfer oft nicht einfach, aber ein wichtiges Signal an den Trauernden, dass sein Erleben, seine Wünsche absolut ernst genommen werden. Gegebenenfalls kann über eine andere Art der Unterstützung mit dem Trauernden verhandelt werden. So kann der Helfer zum Beispiel anbieten, sich gerade in dieser, vielleicht für beide schwierigen Situation für das Erleben des Trauernden zu interessieren, und mit ihm über das sprechen, was ihn an dem Hilfsangebot stört, und somit seine Abgrenzung als wichtigen Prozess des Selbstschutzes positiv würdigen. Dieses Anerkennen der Bemühung um Abgrenzung schafft die Basis für eine besser funktionierende Form der Begegnung zwischen dem Trauernden und dem nicht trauernden Helfer – sofern der Trauernde das will – und nur dann.

Vielleicht macht er in der Begegnung mit dem Helfer die Erfahrung, dass es ihm hilft, sich selbst in dieser Phase anzunehmen, dass seine Gefühle von Einsamkeit für eine Weile gelindert werden und er zunehmend etwas über sich mitteilen will. Vielleicht will er aber auch nur, dass der Helfer, ohne weitere Kontaktangebote zu machen, in der Gegenwart des Trauernden verweilt und so durch seine Präsenz den Rahmen schafft, innerhalb dessen die Gefühle und Gedanken des Trauernden ungehindert ihren freien Lauf nehmen können.

Dennoch gilt: Wenn die Sicherheit der Hinterbliebenen nicht gefährdet ist und sie die angebotene Unterstützung weiterhin ablehnen, dann wird diese Hilfe nicht gewünscht, und es ist nicht die Aufgabe des Helfers, sich über die Wünsche derjenigen hinwegzusetzen, denen er Unterstützung sein will. Diese Aufforderung muss befolgt werden, ohne Wenn und Aber.

Letztendlich bedeutet das auch, dass Hinterbliebene so trauern können, wie sie es können, wollen oder für richtig halten – häufig eine Herausforderung für Helfer. Die Ablehnung des Angebotes kann durchaus als verletzend erlebt werden, kann auch in absolut verletzender, kränkender Weise zum Ausdruck gebracht werden. Die Helfer, die noch weniger Erfahrung in der Einschätzung der emotionalen Prozesse Trauernder haben, laufen Gefahr, in solchen Interaktionen zu sehr am Inhalt der Interaktion, der Zurückweisung, haften zu bleiben. Sie sehen dann zu wenig die Schutzbemühungen des Trauernden und nehmen die Zurückweisung persönlich. Das wäre zwar angesichts der gut gemeinten Bemühungen des Helfers verständlich, wäre aber dennoch ein Kunstfehler, der die weitere Arbeit behindert und nach Supervision förmlich schreit.

Das ist das Risiko der Helfer: Sie stellen ihre Zeit und ihre Anwesenheit zur Verfügung und werden, zumindest dem Anschein nach, undankbar abgekanzelt. Aber nicht nur für sie, sondern auch für die Trauernden bedeuten solche Situationen oft Verwirrung: Einerseits sehnen sie sich nach Kontakt, andererseits können sie die Kontakte in ihrem Zustand nicht tolerieren und ziehen sich deshalb zurück. Ein Helfer brachte es einmal so auf den Punkt: »Da soll noch einer schlau werden, du bist verdammt, wenn du etwas tust, und verdammt, wenn du es nicht tust.« Es ist wichtig, dass Helfer dies für sich erkennen und akzeptieren. Gegebenenfalls brauchen auch Helfer einmal Hilfe.

Auch Gespräche über Sterben und Tod können für Helfer belastend sein. Insbesondere wenn sie zum Beispiel nicht auf das Thema vorbereitet sind, sich selbst von dem Thema distanzieren oder, im Fall von professionellen Helfern, wenn sie keine Supervision erhalten. In einer solchen Situation ist es vollkommen legitim, dieses sich selbst und dem Trauernden gegenüber einzugestehen. Es bietet dem Helfer die Gelegenheit, dieses Thema für sich anzunehmen. Und für Trauernde ist es leichter, wenn die Helfer ehrlich mit dieser Situation umgehen. Die Aussage eines Helfers: »Es fällt mir sehr schwer, mit dir jetzt gerade über Sterben und Tod zu reden«, ist besser als der oft gehörte Ausspruch: »Ach, das wird schon wieder.«

Besonders schwierig kann es sein, wenn sich die Unterstützung eines Hinterbliebenen über einen längeren Zeitraum erstreckt und der Trauernde während dieser Zeit selbst stirbt, zum Beispiel durch eine fortschreitende Krankheit. In jedem Fall ist es natürlich, dass der Tod eines Hinterbliebenen im Helfer Trauer auslöst. Alles, was bisher aus zweiter Reihe beobachtet wurde, mag nun dem Helfer selbst widerfahren. Daher ist es wichtig, sich dieses einzugestehen und im Zweifelsfall eine Anlaufstelle zu suchen, die im Umgang mit der eigenen Trauer hilft.

So erweist sich, dass auch Helfer manchmal Hilfe brauchen. Wenn professionelle Supervision keine Option ist, dann kann ein Austausch unter Helfern in solchen Situationen nützlich sein – natürlich unter Berücksichtigung der Schweigepflicht.

8. Beratung und Behandlung bei Komplizierter Trauer

Der Gang zur Trauerberatung oder zur Psychotherapie

Zunächst soll noch einmal daran erinnert werden, dass nur eine kleine Gruppe von Trauernden Komplizierte Trauer mit klinisch relevantem Ausmaß entwickelt. Wenn nun aber die Zeit allein nicht hilft, die Wunden nicht verheilen, die Einschränkungen bleiben, die Trauer sich trotz aller Versuche nicht verändert und keine Neuordnung im Leben des Hinterbliebenen gefunden wurde, wenn also eine Komplizierte Trauer diagnostizierbar ist, dann – und nur dann – kann eine psychotherapeutische Behandlung dem Hinterbliebenen helfen.

Wie bereits erwähnt, ist nur dieser Trauerverlauf pathologisch und deshalb therapiewürdig. Bei nicht pathologischen Trauerverläufen stehen andere adäquate Hilfestellungen zur Verfügung, z. B. Trauercafés, Meditationsgruppen, Sport und Ähnliches. Selbst wenn jemand bereits Komplizierte Trauer entwickelt hat, ist nicht bekannt, ob die Anpassung an die neue Situation nach dem Tod eines nahestehenden Menschen unbedingt therapeutischer Hilfe bedarf. Die Frage ist dann jedoch: Warum nicht?

In allen Fällen ist aber die Psychoedukation, die Information über typische Merkmale heftiger Trauerverläufe und die Beratung über praktische Hilfe, in der Trauerberatung und in der Psychotherapie ziemlich ähnlich. Unterschiede werden eher in der Verbindlichkeit des Therapie- bzw. Beratungskontraktes, der Häufigkeit der Kontakte, der klinischen Verantwortung mit festgelegtem Methodenkanon und in der Erfahrung hinsichtlich des Umganges mit Komorbidität, das heißt begleitenden Beschwerden, zu finden sein.

Für viele Menschen ist die Entscheidung, wegen der nicht enden wollenden Trauer mit einer Therapie zu beginnen und eine Psychotherapeutin aufzusuchen, ein großer Schritt. Deshalb ist die Wahl einer Trauerberatung im Vergleich zur Therapie als niedrigschwelligeres Angebot zu sehen, das dann letztlich einen viel größeren Personenkreis versorgen kann als die Psychotherapie. Denjenigen, die den Entschluss zur Therapie treffen, vielleicht erst durch eine vorausgehende Beratung bestärkt, sei gesagt: »Hut ab.« Schließlich ist es für ›Therapieunerfahrene‹ gänzliches Neuland, auf das sie sich einlassen. Wer weiß schon, was in der Therapie passieren wird, ob die Therapeutin oder der Therapeut das Vertrauen wert ist oder die Kompetenz hat, Verbesserung zu schaffen? Dazu sei gesagt, dass Psychotherapeuten gesetzlich angewiesen sind, ethisch und moralisch korrekt zu arbeiten. Psychotherapeuten, die sich nicht daran halten, werden zur Rechenschaft gezogen.

Häufig müssen Patienten erst erfahren, was Psychotherapie eigentlich heißt. Schließlich haben viele ihre Information oft nur aus Film und Fernsehen, in denen die Kollegen oft in eher merkwürdiger Weise porträtiert werden. So brach es aus einem meiner Patienten bei unserer ersten Therapiebegegnung heraus: »Gott sei Dank haben Sie keine graue Pagenfrisur.« Er hatte einen Film gesehen, in dem die grauhaarige Therapeutin keinen »guten« Eindruck auf ihn gemacht hatte. Er konnte sein Bild der Therapeutin revidieren und wir hatten eine gute Zusammenarbeit.

Was aber eine Herausforderung sein kann, ist, dass Therapieteilnehmer gefragt sind, sehr persönliche Dinge von sich preiszugeben. Dazu gehören auch Dinge, die vielleicht nicht immer leicht zu formulieren sind oder die zum ersten Mal laut ausgesprochen werden. Oft hören wir dann auch die Aussage: »Jetzt hab ich bisher mein ganzes Leben gemeistert und nun bin ich total hilflos.«

Im Kontakt mit Trauernden ist es aber für Berater ebenso wie für Therapeuten natürlich hilfreich, wenn folgende Informationen für sie stets abrufbar sind: Name der verstorbenen Person, Beziehungsart, Todesart, Todesumstände, Todestag, die Qualität des sozialen Umfeldes und etwaige Besonderheiten (zum Beispiel Erbstreitigkeiten).

Um die Akzeptanz zu erhöhen und die Anpassung an die neue Lebenssituation zu fördern, sollten die Sachverhalte immer klar benannt werden. Unvollständige Sätze des Patienten sollten vervollständigt werden, wenn es sich dabei um die Vermeidung des Gebrauchs der Begriffe Tod, Sterben oder Ähnliches handelt. Ausdrucksweisen der Patienten wie »sie ist gegangen« oder »er ist eingeschlafen« sollten korrigiert werden, indem der Helfer den Satz des Patienten wiederholt und die Umschreibung mit den entsprechenden konkreten Begriffen ersetzt. Die sprachliche Vermeidung der Realität des Verlustes behindert die Bewältigung der Trauer, und in der Sprache schleicht sich diese Vermeidung besonders raffiniert ein, durch verharmlosende Umschreibungen der Realität des Todes.

Ein trauernder Vater hat in den Gesprächen über den Verlust seines Sohnes, der schon zwei Jahre zurücklag, zunehmend davon gesprochen, dass der Sohn »nicht mehr bei uns ist«, »von uns gegangen ist« oder »uns verlassen hat«: Als der Berater daraufhin fragte, ob er Angst davor hätte, zu sagen: »Mein Sohn ist tot«, starrte der Vater ihn erst wortlos mit weit aufgerissenen Augen an, um schließlich zu antworten: »Was Sie jetzt sagen, trifft mich wie ein Keulenschlag direkt auf den Kopf. So als würde ich das Wort zum ersten Mal hören.«

Als der Berater ihm daraufhin vorschlug, diesen Satz langsam und bewusst auszusprechen, tat er es, erst widerstrebend, dann ohne weiteres Zögern, doch mit tränenerstickter Stimme: »Ja, es ist wahr, mein Sohn ist tot.« Und unaufgefordert fügte er dazu: »Für immer.«

Da zwischen den Sitzungen Notfälle auftreten können, muss diese Situation gleich zu Beginn der Behandlung angesprochen werden. Häufige Notfälle sind ein weiterer Todesfall einer nahestehenden Person und vielleicht eine damit verbundene Ähnlichkeit beim Begräbnis oder beim Besuch auf dem Friedhof. Aber auch andere Verluste, wie der Umzug der besten Freundin, können eine Krise darstellen. Die darauffolgende Reaktion »Auch das noch« mag für den Hinterbliebenen schlichtweg das Fass zum Überlaufen bringen.

So wird klar, dass diese Notfälle sehr persönlich zu definieren sind. Möglicherweise entdecken wir – wenn es um uns ginge – gar keinen Notfall in der jeweiligen Situation. Aber es geht ja nicht um uns, die Helfer. Uns bleibt zunächst einmal nur, zu versuchen, die

Schwere und das Ausmaß der Krise für den Hinterbliebenen zu erahnen und die resultierende Hilflosigkeit zu erkennen, um dann die entsprechenden Maßnahmen einzuleiten.

So kann zum Beispiel gleich beim ersten Kontakt eruiert werden, wie denn mögliche Krisen aussehen könnten und welche Möglichkeiten den Trauernden helfen werden, mit dieser krisenhaften Situation umzugehen. Das kann sowohl eine Liste von angenehmen Aktivitäten sein, wie sich aufs Rad zu schwingen, einen Spaziergang zu machen, ein Bild zu malen oder ein bestimmtes Musikstück zu hören, oder eine Telefonliste mit Nummern von vertrauten Personen aus dem Familien- oder Freundeskreis, die dann kontaktiert werden können.

Sowohl im Rahmen einer ambulanten Einzeltherapie als auch in einer niedrigfrequenten Beratung mit größerer Unverbindlichkeit hinsichtlich des Beratungskontraktes muss die körperliche und emotionale Sicherheit der Trauernden immer sorgfältig im Auge behalten werden, auch weil sie nach Abschluss des Kontaktes möglicherweise auf sich gestellt sind und nach Hause gehen, wo sie vielleicht allein sind.

Diese Evaluation erfolgt nach der Regel Idee–Plan–Mittel. Dabei wird festgelegt, welche hilfreiche Aktivität der Trauernde nach Ende der Sitzung bzw. des Beratungsgespräches plant (zum Beispiel Kaffeetrinken mit einer Freundin) und was ihm zur Verfügung steht, diesen Plan durchzuführen (hat diese Freundin Lust und Zeit dazu und hat der Patient diese Freundin bereits kontaktiert?).

Ziele und Inhalte der Behandlung und Beratung

Das übergeordnete Ziel einer jeden Intervention ist die Verbesserung des derzeitigen Zustandes. Das heißt für den Therapeuten wie Berater, dass allein die Anwesenheit der Hilfesuchenden ein Auftrag an den Helfer ist, diese Aufforderung zu verstehen und bei der Verbesserung behilflich zu sein. Dies kann aber nur erreicht werden, wenn die Trauernden auch selbst an einer Veränderung interessiert sind, wenn sie selbst eine Veränderung wollen.

Anpassung versus Heilung

Da der Tod eines nahestehenden Menschen unwiderruflich einen neuen Lebensabschnitt einleitet, der nun eine Anpassung verlangt, liegt das übergreifende Therapieziel der Intervention in einem veränderten Umgang mit der Trauer und in der Anpassung der Hinterbliebenen an die neue Situation post mortem, damit das Leben wieder lebenswert wird und die funktionalen Einschränkungen minimiert werden. So ist das übergeordnete Behandlungsziel nicht die Heilung, sondern die Anpassung an die neu entstandene Situation und die Neuordnung des Lebens der Hinterbliebenen.

Selbstständigkeit versus Abhängigkeit

Wie grundsätzlich in jeder psychosozialen und therapeutischen Intervention wird von Beginn an betont, dass ein weiteres Ziel der Beratung deren Ende ist. Das ist besonders wichtig für die Therapie von Komplizierter Trauer, aber auch für die Beratung, da Menschen nach dem Verlust einer nahestehenden Person versuchen könnten, diesen Verlust durch eine neue Vertrauensperson, zum Beispiel die Therapeutin oder den Berater, auszugleichen.

Deshalb muss von Beginn der Intervention an besondere Aufmerksamkeit darauf gerichtet werden, dass die zeitliche und persönliche Abgrenzung gewahrt bleibt, um den Erwerb der Selbstständigkeit und der Eigenverantwortung in verschiedenen Lebensbereichen zu fördern. Ausnahmen finden sich allerdings, wenn gegen Ende oder nach abgeschlossener Therapie ein neues Beschwerdebild identifiziert wird.

Verändern versus Auflösen

Im Kontext der Grundlagen der Bindungstheorie gibt es neuere Behandlungsansätze, die sich von den älteren dadurch unterscheiden, dass die Beratung bzw. Behandlung von Trauernden nicht die Auflösung der Beziehung zur verstorbenen Person zum Ziel hat, sondern die Veränderung der Beziehung durch und nach dem Tod des Verstorbenen.

Wenn Trauer im Allgemeinen die Reaktion auf den Tod eines nahestehenden Menschen ist, so ist sie auch eine Reaktion auf die verlustbezogenen Gedächtnisinhalte und somit naturgemäß einerseits auf Vergangenes gerichtet, das (noch) nicht losgelassen werden kann. Sie färbt das Erleben in der Gegenwart, bremst und verschleiert die Vitalität des Trauernden.

Das Wollen des Menschen, seine Interessen, seine Neugier, sie sind andererseits auf Zukünftiges gerichtet und beleben den Betreffenden in seiner jeweiligen Gegenwart. Die Situation erfordert den reinsten Spagat: Ein Fuß in der Vergangenheit, der andere in der Zukunft und dazwischen klafft die Diskrepanz der Gegenwart mit ihren Forderungen, was zu tun ist. Für alle, die jemals versucht haben, einen Spagat zu meistern: Es ist zunächst ein schmerzhafter Versuch. Die Frage ist, wie der Trauernde dazu kommt, sein Wollen wieder freizusetzen, sein Interesse, seine Neugier wieder wahrzunehmen und diesen Impulsen auch zu folgen.

Vermutlich in erster Linie dadurch, dass er seine Trauergefühle nicht unterdrücken muss, um Interessen entwickeln zu können. Vielleicht ist die Zuwendung zum eigenen Trauerprozess, das interessierte Wahrnehmen dessen, was man im Trauern eigentlich genau fühlt und denkt, der Zugang, der Trauer *und* Interesse erlaubt. Und das umso mehr, je deutlicher der Gesprächspartner, in dem Falle der professionelle Helfer, Interesse für genau diesen Prozess des Beobachtens der Trauervorgänge signalisiert.

Das, was dann weiterträgt, ist das vitalisierende Interesse an der Gestaltung des eigenen Erlebens und Bewusstseins. Mitten in der alles durchdringenden Trauer entsteht plötzlich eine Art Lebenskraft durch das Interesse an ebendiesem Trauervorgang. Es ist eine Paradoxie, dass dieses Interesse für sich neue Lebendigkeit bringt. Wer sich für etwas interessiert – und seien es die Bedingungen seines eigenen, trauergefärbten Desinteresses –, begrüßt in gewisser Weise einen neuen Lebensinhalt.

Ein winziger Schritt erst angesichts des Festhaltens an vergangenen, nicht mehr wiederherstellbaren Beziehungen zwar, aber ein erhellender Schritt. Vielleicht ist das Interesse an neuen, gegenwärtigen Ereignissen allgemein und an den Fallstricken des Festhaltens am eigenen Trauerprozess im Besonderen eine wesentliche Voraussetzung für das Verblassen der Trauer. Dann wird die fixierte Trauer nicht mehr nur erlitten, sondern als interessantes Problem des eigenen psychischen Geschehens gleichsam live erforscht. Man tritt quasi mit seiner eigenen Trauer in Kontakt, erkundet sie und baut auf diese Weise ihr gegenüber im Erleben eine Grenze auf.

Das kann sogar bewirken, dass sie wenigstens kurzzeitig »nicht mehr als unerträgliche Last wahrgenommen« wird, sondern als etwas, was mit einem Mal zu einem beobachtbaren Vorgang wurde, mit Grenzen und diversen Möglichkeiten, sie abschwächend zu beeinflussen. Die Betroffenen werden mit einem Teil ihres Bewusstseins gleichsam zu Zeugen ihres eigenen Trauerprozesses. Während sie der Rolle von Denkabläufen nachforschen, die ihre Trauer fixieren, (re)aktivieren sie eine Seite an sich, die neugierig ist wie ein junger, von seinen Entdeckungen faszinierter Erfinder. Und der ist in dem Moment sicher nicht (nur) traurig.

Überlegungen wie diese führen zu einer weiteren Frage: Kann man sich wirklich von etwas, von jemandem verabschieden, ohne dass man zu etwas Neuem, zu einem anderen Menschen, einem Projekt, einem Reiseplan ›Willkommen!‹ sagt? Der Einstieg wäre die Entwicklung des eigenen Interesses dafür, *wie* man dieses ›Willkommen‹ selbst blockiert, *wie* man das anstellt, sich selbst nicht leben zu lassen.

Man kann sich fragen, ob hier das Bild eines Wandernden passen würde, der sich in seiner inneren Landschaft bewegt und diese seinem – für sein Innenleben zuerst einmal blinden – Begleiter (Berater ebenso wie Therapeuten) beschreibt und erklärt. Der (intersubjektiv blinde) Helfer entwickelt durch ständiges Nachfragen selbst allmählich ein inneres Bild von der Beschaffenheit der inneren Landschaft des Klienten beziehungsweise des inneren Bildes davon.

Er erreicht so, dass auch das innere Bild des Klienten klarer, strukturierter wird, und motiviert diesen durch seine Fragen, seine innere Landschaft sorgfältig, Abschnitt für Abschnitt, zu betrachten. Beide tasten sich so an Tabuzonen des Klienten heran – befürchtete Abgründe oder schier unüberwindliche Felstürme. Indem der Therapeut auch dort nachfragt und zum schrittweisen Begehen und damit Erkunden bisher unerforschten Terrains ermutigt, wächst beim Klienten die Sicherheit im Meistern intrapsychischen Terrains.

So können erste Schritte zur Verbesserung eingeleitet werden, die schließlich die Transformation von Komplizierter Trauer in eine normale Trauer anstoßen. Auch die normale Trauer verschwindet nicht einfach mit der Zeit, fluktuiert aber in ihrer Schwere und ermöglicht so eine Neuordnung des Weiterlebens. Das heißt, dass die Einschränkungen durch die Trauer minimiert oder im besten Fall gar beseitigt werden. Und es bedeutet auch, dass die Trauer nicht mehr die Trauernden kontrolliert, sondern diese können nun ihre Trauer kontrollieren. Sie können zulassen, ob sie sich den momentanen negativen Gefühlen aussetzen wollen oder ob sie sich zukunftsgerichtet den Überlebensaufgaben widmen wollen.

Daran wird deutlich, dass es sich bei der Trauerarbeit um die beiden Komponenten des Dualen Prozessmodells von Stroebe und Kollegen handelt, nämlich einerseits die Rück- oder Neugewinnung der Funktion eines Trauernden und andererseits das Durcharbeiten oder das Erlernen des Umgangs mit den unangenehmen Emotionen, die mit dem Verlust verbunden sind.

Gefühle, verbunden mit Komplizierter Trauer

Hartnäckige Traurigkeit im Wechselspiel mit zirkulären Denkprozessen

Hier sei noch einmal darauf hingewiesen, dass es eine große Schnittmenge von normalem und kompliziertem Trauerverlauf gibt. Der wesentliche Unterschied besteht in der Schwere und der Dauer des Zustandes bzw. der Länge des Prozesses.

Man könnte also vereinfachend sagen, dass es das Therapieziel für Komplizierte Trauer ist, diese in eine normale Trauer zu überführen. Von der normalen Trauer wissen wir, dass sie ihren eigenen Kurs nimmt und nicht gestört werden soll. Das heißt, dass alle Gefühle, die mit Komplizierter Trauer verbunden sind, zunächst auch im Rahmen der normalen Trauer auftauchen können.

Wie bereits erwähnt, ist Trauer ein eher diffuser Sammelbegriff für eine Fülle verschiedener Abläufe innerer und äußerer, teils ineinander verwobener Prozesse. So gehören meist mehrere Gefühle zur Trauer, wobei Traurigkeit nur *eines* der Gefühle neben anderen ist, die von Trauernden in den verschiedenen Phasen erlebt werden können. Nur wenn sie hartnäckig eine nicht enden wollende Beeinträchtigung verursachen, können sie einem pathologischen Trauerverlauf zugeordnet werden, wenn z. B. Gedanken, die sich immer wieder im Kreis drehen, keine Lösung bringen, sondern nur die Traurigkeit am Leben erhalten. Man stelle sich den Ritt auf einem Karussellpferd vor: ständig im Kreis herum, niemals wirklich an ein Ziel gelangend, aber Übelkeit und Schwindel verursachend. Macht es dann nicht Sinn, den Halteknopf zu drücken?

Allerdings ist Traurigkeit nach außen hin auch meist eines der prominentesten Ausdrucksmittel, wie schon in den vorausgegangenen Passagen dieses Buches beschrieben. Sichtbar wird die Traurigkeit durch Weinen, Zurückgezogenheit, Antriebsschwäche, Denk- und Konzentrationsprobleme, Kontaktvermeidung oder -abbruch. Sie ist ein Gefühlszustand, der eher lähmt als animiert – außer man beginnt sich mit dem Wie seines Traurigseins selbst zu befassen und geht somit vom Inhalt des Trauergefühls – Verlust – zur Wahrnehmung des eigenen Erlebens der Trauer über, also zu jenem komplexen Denkgeschehen in der Wechselwirkung von Erinnerung, Zukunftsdenken, Sichdeprimieren.

Hartnäckige Traurigkeit ist natürlich auch oft ein erwartetes Gefühl, wenn es um Trauer geht. Bleibt sie aus oder wird sie nicht zum Ausdruck gebracht, ist das für die Trauernden selbst und für ihre Umgebung oft verstörend und wird als Zeichen dafür gewertet, dass der Verlust den Hinterbliebenen nichts ausmache. Das kann jedoch ein Trugschluss sein. Wie im Kapitel »Spezielle Formen von Trauer« bereits beschrieben, wird die Komplizierte Trauer – und die mit ihr verbundene Traurigkeit – oft erst später wahrgenommen und nur in Ausnahmefällen bleibt sie tatsächlich vollständig aus.

In der Beratung wird der – vielleicht latent, aber nicht sichtbar – Trauernde dabei unterstützt, das Sosein seiner Reaktion auf den Verlust erst einmal sorgfältiger wahrzunehmen. Vielleicht werden da schon bestimmte, oft subtile Indikatoren der Trauer erkannt und benannt. Man wird daran arbeiten, den Ist-Zustand anzunehmen, vielleicht sogar zu bejahen, seine positiven Seiten zu sehen und sich danach nicht mehr insgeheim vorschreiben zu wollen, wie man selbst öffentlich trauern sollte (siehe Ausführung zu »grief« und »mourning« im Abschnitt »Sprache« in der »Einstimmung«).

Es wird auch hilfreich sein, zu besprechen, ob und wie Gefühle in der Familie des Trauernden erlebt und zum Ausdruck gebracht wurden. Durften Gefühle gezeigt werden, und wenn ja, welche? Gibt es schlimme, unverarbeitete Ereignisse in einer früheren Generation, die vielleicht verleugnet oder verdrängt wurden? Und verhinderte dies, dass Spätergeborene ihre Trauer ausdrücken durften, weil sie damit vielleicht ein Hervorbrechen unverarbeiteter Trauergefühle bei den Älteren aktiviert hätten – und dadurch illoyal gegenüber der Familie geworden wären?

Wie haben sich z. B. Ideologie und Menschenbild des Nationalsozialismus auf den Umgang mit Gefühlen, allen voran mit der Trauer, in der direkt betroffenen und den darauffolgenden Generationen ausgewirkt? Gab es Kriegsopfer unter den Familienangehörigen, um die aus ideologischen Gründen nicht getrauert werden durfte? Ein Verdikt, das übrigens nicht nur in der deutschen Vergangenheit, sondern auch in vielen anderen sozialen Systemen und bei Religionen eine Rolle spielt: Dürfen Angehörige von Geächteten, exekutierten Deserteuren etwa, Exkommunizierten, zum Tode Verurteilten, aus der Glaubensgemeinschaft Ausgetretenen über diesen Verlust trauern?

Ärger und Wut

Nicht selten ist Trauer und damit ebenso Komplizierte Trauer neben den Gefühlen der Traurigkeit, Niedergeschlagenheit und der Verunsicherung auch durch Ärger oder Wut gekennzeichnet. Allerdings sind diese Gefühle im Kontext mit Trauer sozial eher weniger akzeptiert. Deshalb werden sie nach außen hin auch oft nicht sichtbar. Es dominiert ja die Ansicht, nach der man nach einem Verlust doch traurig sein müsse, aber auf gar keinen Fall wütend auf den Verstorbenen sein dürfe. Für entferntere Angehörige mag es dann auch schwer zu akzeptieren sein, wenn ein Trauernder in der Phase des akuten Abschiedes seinen gesunden Zorn über Versäumnisse des Verstorbenen, in der Gesundheitsvorsorge etwa, im Konsumverhalten oder im Lebenswandel, diesem buchstäblich hinterherschreit. Für den Betroffenen kann dieser Ausdruck aggressiver Gefühle aber durchaus hilfreich und entlastend sein.

Eher erlaubt man sich die Wut auf Personen oder Institutionen, von denen man meint, sie hätten zu wenig zur Rettung des Verstorbenen getan. In der erlebten Wirklichkeit aber liegen Trauer und Wut viel näher beisammen, als man gemeinhin vielleicht denkt, und der freie Ausdruck beider Gefühle fördert die Bewältigung des Verlustes und mag vor Komplizierter Trauer schützen. Das zeigt folgendes Beispiel:

Frau S. – »Er hat mich sitzenlassen.«

Über fünfzig Jahre waren Herr und Frau S. verheiratet, als Herr S. starb. Gute und schwierige Zeiten hatten sie miteinander durchlebt. Ihre Rollen waren klar verteilt: Er war der Geldverdiener, sie die Hausfrau. Jeder hatte seine Aufgabe. Nicht lange zuvor hatten sie noch im Kreis ihrer Familie ihre Goldene Hochzeit gefeiert. Trotz ihres Alters, 71 und 73 Jahre, hatten sie nie darüber gesprochen, wie es sein wird, wenn einer von ihnen ohne den anderen weiterleben muss.

Und dann ging es ganz schnell: Mehrere Schlaganfälle hatten Herrn S. zunächst seine Sprache und seine Mobilität gekostet, bevor ihn der letzte, schlimmste Schlaganfall neuerlich ins Krankenhaus verwies. Als ihn die Sanitäter zu Hause abholten, schaute er sich in seinen vier Wänden noch einmal genau um. Es schien, als wisse er, dass er nicht zurückkehren würde und der Abschied begonnen hatte. Im Krankenhaus blieben ihm gerade noch ein paar Tage zum Leben. An seinem Todestag war seine gesamte Familie bei ihm. Es begann sich abzuzeichnen, dass der Tod nahe war. Herr S. sprach von seinem Sarg.

Doch auch diesmal konnte die Familie nicht auf das Thema Sterben eingehen. Am Abend verabredeten die Angehörigen, wie sie ihre Wache bei ihm halten sollten. Frau S. verabschiedete sich von ihrem Mann, um später die Nacht mit ihm zu wachen. Kaum hatte sie jedoch das Krankenhaus verlassen, starb Herr S. Frau S. kehrte ins Krankenhaus zurück und wurde ins Sterbezimmer geleitet. Ihre Erschütterung war groß. Wie sollte sie ihr Leben ohne ihren Mann weiterführen? Er hatte sie einfach verlassen. Immer wieder stieß sie gegen das Bett, in der Hoffnung, ihr Mann würde sich wieder bewegen.

Nach seiner Beerdigung war Frau S. ärgerlich. Immer wieder sagte sie: »Er hat mich einfach sitzenlassen.«

Ihre Trauer nahm die Form des Vorwurfes an. Es schien noch zu schwierig für sie, sich dem Verlust durch Tod zu stellen, dem natürlichsten Vorgang des Lebens. Diesem Vorgang eine perfide Absicht des Verstorbenen zu unterstellen, half ihr, dem totalen Kontrollverlust auszuweichen, den der Tod dem Menschen zumutet. So als wäre das Sterben im Leben genauso planbar wie der nächste Urlaub ...

Mühsam musste sie danach die Aufgaben erlernen, die ihr Mann während ihrer gemeinsamen Zeit übernommen hatte. Sie sehnte sich nach ihm, aber der neue Alltag mit seinen Bürden fing sie ein. Was blieb, war der unbändige Ärger darüber, dass ihr Mann sie »sitzengelassen« hatte. Dieser Ärger, so unangemessen er für den Außenstehenden auch erscheinen mag, ist für die Trauernde ein wichtiger Schritt zur Abgrenzung von der psychischen ›Verschmelzung‹ mit dem Verstorbenen. Abgegrenzt hat sie ein eigenes Leben, wenn auch erst ansatzweise, und kann sich an dessen Planung heranwagen. Als »sitzengelassene« Frau ohne Ärger würde sie in der Abhängigkeit hängen bleiben und so ihr Elend fortsetzen.

Als Berater oder Therapeut würde man also den Ärger unterstützen, zu freiem Ausdruck desselben motivieren und auf die Signale warten, die den Zustand der inneren Leere nach der Wut ankündigen. Diese Leere, gefühlt vielleicht als eine Art Einsamkeit, gilt es dann zu erkunden und sich ihr zu stellen.

Einsamkeit

Einsamkeit ist verständlicherweise ebenfalls eines der vorherrschenden Gefühle, verbunden mit Trauer. Unverständlicherweise ist es aber eines, von dem weniger gesprochen wird. Häufig hängt das damit zusammen, dass Trauernde durch den Verlust zuerst einmal gar nicht allein sind, sondern es eher die Vorstellung von dem zukünftigen Leben ist, die dieses Alleinsein in den Vordergrund des Bewusstseinsablaufes förmlich hievt.

Später, wenn die Aufregung über den akuten Verlust abgeklungen ist, die Aufmerksamkeit von Angehörigen und Freunden nachzulassen beginnt und die Hinterbliebenen sich im Alleinsein wiederfinden, kann die Einsamkeit andere Gefühlsqualitäten hervorbringen, die zu einer besonderen Herausforderung werden. Dieses Nachlassen der ›öffentlichen‹ Aufmerksamkeit für die Trauernden kann dazu beitragen, dass die eher dem Kreis der Resignation zuzurechnenden Stimmungen erst nach Verzögerung, unter Umständen erst nach Monaten auftreten.

Hierbei wird auch deutlich, dass sich Alleinsein und Einsamkeit unterscheiden. Oft ist Einsamkeit im Kreis von anderen Menschen sogar schwerer erträglich, als wenn man allein ist, denn da scheint es doch eher ›Sinn zu machen‹. Alleinsein ist ein körperlicher Zustand. Einsamkeit ist ein Gefühl. Manchmal geht beides miteinander einher, aber nicht immer. So berichtete eine erst kürzlich verwitwete Dame:

> ***Frau D.***
> »Letzte Woche war ich bei meiner Freundin zum Geburtstag eingeladen. Es war ein richtig schönes Fest. Am Abend kam noch ihr Mann von der Arbeit zum Fest und auch alle ihre Kinder. Da wurde mir erst bewusst, dass es das bei mir nicht mehr gibt. Sie waren alle so fröhlich miteinander, haben miteinander geredet und sich umarmt. Obwohl ich mit all diesen Menschen zusammen war, fühlte ich mich sehr einsam, weil ich niemanden mehr habe.«

Besonders ältere Menschen leiden unter Einsamkeit nach einem Verlust. Oft verstehen alte Patienten sich selbst nicht mehr, wenn sie zu uns in Therapie oder zur Beratung kommen. Sie schauen auf ihr oft schwieriges Leben zurück, das durch Kriegserlebnisse und Flucht gekennzeichnet sein mag. Das alles hätten sie doch auch gemeistert, warum denn nun nicht den Tod der Partnerin oder des Partners?

Gerade für diese Generation galt oft, dass sie im Haus der Eltern groß wurden und dann mit der Heirat des Partners von einem Haushalt zum anderen gewechselt sind. Sie hatten immer den Luxus, von anderen Menschen umgeben zu sein – oder anders gesagt: Sie hatten nie Gelegenheit, sich als allein und auf sich selbst gestellt Lebende auszuprobieren. Jetzt, in einer fortgeschrittenen Lebensphase sind sie damit konfrontiert. Und sie stellen fest: Alleinsein will geübt sein.

Nun ist es aber gar nicht so sehr der Zustand des Alleinseins, schwieriger ist es, das dazugehörende Gefühl der Einsamkeit auszuhalten. Der Umgang mit dem eigenen Ich stellt hohe Anforderungen – und sie haben dies nie gelernt. Doch die gute Nachricht – was Hänschen nicht lernt, kann Hans allemal noch lernen!

Im Zusammenhang des Alleinseins sei hier erwähnt, wie wünschenswert eine interdisziplinäre Zusammenarbeit sein kann. Soziale Einrichtungen, die ihr Nachtcafé auch wirklich nachts oder an Wochenenden geöffnet haben; wo man einfach auch zur Unzeit mal reinschneien kann und die Einsamkeit mit anderen teilt. Feiertage, die nicht den Feiertagscharakter der Langeweile bei Filterkaffee und Kuchen haben. Interessante Vorträge, die unschulmeisterlich sind und sich auch mit anderen Themen als Arthrose, Inkontinenz oder Treppenlift beschäftigen. Schließlich ist es doch das Ziel, das Komplizierte der Trauer zu verringern – oder gar zu eliminieren, Hoffnung zu haben und am Leben wieder Freude zu finden. Wäre hier vielleicht ein Umdenken fällig?

Im Falle Komplizierter Trauer spielt die Unfähigkeit, Einsamkeit zu leben, eine die Symptomatik verstärkende Rolle. Allerdings bedeutet das nicht, dass man in ihr verharren muss und nicht erlernen kann, wie man produktiv damit umgeht. Wenn soziale Unterstützung, wie schon erwähnt, einer der wichtigsten schützenden Faktoren gegen die Entwicklung interventionsresistenter Komplizierter Trauer ist, dann wirkt der Wegfall von sozialen Kontakten, zumal von unterstützenden, sich andererseits besonders nachteilig für die Wiederherstellung der Lebensqualität aus, die dem Zustand vor dem schwierigen Verlust vergleichbar ist.

Schuld

Gefühle der Schuld resultieren aus dem Konflikt zwischen einer Gegebenheit und dem eigenen inneren Anspruch. Das heißt, dass Schuldgefühle schlussendlich nicht von anderen direkt ausgelöst werden können, sondern immer von einem selbst ausgehen.

Das Schuldgefühl ist eher animierend, wenn es z. B. zu Grübeln oder Katastrophengedanken führt. Einerseits ist man gedanklich beschäftigt und ›hat‹ ein Problem, was wiederum impliziert, dass es auch eine Lösung gibt, wenn man sich nur besonders intensiv bemüht. Andererseits nährt der an sich selbst gerichtete Schuldvorwurf die Illusion, man hätte im Prinzip Kontrolle über derartige Situationen und müsse sich nicht dem existentiellen Ausgeliefertsein stellen.

Viele Trauernde haben Schuldgefühle bezüglich des Todes, der Todesursache oder des Todesumstands des Verstorbenen. Oft sind diese Schuldgefühle für Außenstehende unverständlich oder sie resultieren aus Annahmen, die objektiv keinen Sinn machen, Gedanken, die entweder der Realität entbehren oder deren Inhalt verzerrt ist. Hierbei handelt es sich um nicht hilfreiche oder sogenannte dysfunktionale Gedanken.

Zunächst ist es aber wichtig, auch diese Gedanken ernst zu nehmen, so unsinnig sie uns auch erscheinen mögen. So beklagte einmal eine Trauernde, deren Bruder verstorben war, dass sie seinen Tod womöglich hätte abwenden können, wenn sie nur mehr Petersilie in seine Suppe getan hätte. Eine Diskussion, dass mehr Petersilie den Tod nicht hätte verhindern können, würde zu nichts führen, allenfalls dazu, dass sich die Trauernde noch einsamer und unverstandener fühlt. Eine Äußerung wie »Anscheinend machst du dir ja richtig viele Gedanken, was du sonst noch für deinen Bruder hättest tun können« ist hier eher hilfreich als das platte Verbot: »Deswegen brauchst du dir keinen Kopf zu machen.«

Hilfreich ist hier auch der Gebrauch eines anderen Begriffes. Anstatt von ›Schuld‹ kann auch von ›Bedauern‹ oder ›Reue‹ gesprochen werden. Ein Helfer könnte also auf die oben erwähnte Schuld mit dem Satz antworten: »Du scheinst sehr zu bedauern, dass du nicht mehr Petersilie verwendet hast.« Bedauern und Reue ertragen sich anders als Schuld. Denn unlösbares Schuldgefühl scheint die Trauer zu fixieren, gedankliche Kreisprozesse zu fördern und so zu dem Phänomen der Komplizierten Trauer beizutragen. Bedauern und Reue hingegen signalisieren Bewegung, Loslassen, Abschließen.

Herr Z. – »Hätte ich doch …« – Grübeln und Schuld

Herr Z. trauerte um seinen einzigen Sohn, der bei einem Autounfall getötet wurde. Seine Trauer war fast unerträglich. Was ihn aber am meisten belastete, waren Fragen, auf die er keine Antwort bekam: War er nicht mitschuldig, weil er dem Sohn den Gebrauch seines Autos verweigerte und ihn mit diesem »alten Bock« fahren ließ? Hätte er nicht mehr darauf achten sollen, dass das Auto des Sohnes in gutem Zustand war? Hätte er seinen Sohn damals, als er den Führerschein machte, besser über Verkehrssicherheit belehren sollen? Hätte er an diesem Sonntag vielleicht bei seinem Sohn vorbeischauen und ihn fragen sollen, ob alles in Ordnung sei?

Die Gedanken von Herrn Z. drehten sich nur noch um dieses eine Thema. Seine daraus resultierende Schuld fraß ihn dabei innerlich beinahe auf. Seine Alltagsgeschäfte waren für ihn fast nicht mehr machbar, so sehr nahmen ihn diese Fragen und deren ausbleibenden Antworten in Anspruch.

Allerdings haben Grübeln und Schuld auch noch eine andere Funktion: Sie halten die Beziehung zu den Verstorbenen aufrecht. Die Trauernden bleiben damit in Verbindung zu den Verstorbenen, und die ständige gedankliche Auseinandersetzung gewährt eine emotionale Nähe, die auch als Vermeidung bezeichnet werden kann (siehe den Abschnitt »Vermeidung« in Kapitel 3).

Zur Schuldfrage muss auch erwähnt werden, dass es sich dabei unter Umständen auch um eine gewisse Selbstüberschätzung handelt, die da heißt: »Wenn ich alle Möglichkeiten erkannt hätte, alle Variablen in Betracht gezogen hätte und alle notwendigen Einsichten umgesetzt hätte, dann hätte es in meiner Macht gestanden und sie wäre nicht gestorben.« Wirklich?

Neben diesem eher verzweifelt anmutenden Versuch, seine Kontrolle über das Leben zurückzugewinnen, gibt es natürlich auch mildere Formen von Schuldgefühlen, wie z. B. den Kummer, für den Verstorbenen nicht ausreichend verfügbar gewesen zu sein, seine Bedürfnisse nicht genügend erkannt zu haben oder ihn manchmal zu ruppig behandelt zu haben.

Manchmal nehmen diese Schuldgefühle auch eher zwanghafte Formen an, etwa die Vorstellung, dass man übersehen hätte, dass der Verstorbene nur scheintot gewesen sei und im Grab wiedererwacht sei, um dann an Erstickung qualvoll zugrunde zu gehen.

Angst vor ›Trauerscham‹ und die Angst vor dem ›Selbstkollaps‹ in der Trauerattacke

Eine besondere Form der Trauervermeidung weist durchaus ähnliche Züge mit der Vermeidung bei phobischen Ängsten auf. Dabei steht bei den Betroffenen im Vordergrund der Angst die Gefahr von einer Art innerem Kollaps, falls eine Angstreaktion auftreten sollte. Auch Personen mit phobischen Störungen schämen sich exzessiv dafür, dass sie so ›gestört‹ sind, wie sie meinen, und versuchen das mit allen Mitteln vor den Mitmenschen zu verstecken. Zu der Angst vor der (vermeintlichen) Gefahr kommt dann die Angst vor der Angst und schließlich dann noch zusätzlich dazu die Angst, dabei von anderen beobachtet und bewertet zu werden.

Phobische Patienten vermeiden dann jede Begegnung mit möglichen Auslösern einer derartigen explosiven Angstreaktion, auch als Panikreaktion oder Panikstörung bezeichnet. Die Angst und Schamabläufe bei Komplizierter Trauer können durchaus analog zu den Affektabläufen bei Panikattacken gesehen werden.

Gerade diese alle Lebensbereiche durchdringende Aufmerksamkeit, die auf möglichst frühe Erkennung und Vermeidung von Angstauslösern gerichtet ist, verstärkt aber die Existenz des Problems und behindert eine spontane Remission (positive Veränderung). Genau so kann man sich den Ablauf bei Komplizierter Trauer vorstellen, wenn die exzessive Aufmerksamkeit auf die Vermeidung von Trauertriggern gerichtet ist und das Vermeidungsverhalten dann die Lebensräume zusätzlich und sukzessive einschränkt.

Nun kommt es im Fall Komplizierter Trauer auch vor, dass manche der Betroffenen ihre Trauerreaktion, sobald sie durch einen Erinnerungsreiz oder auch eine empathisch nachfragende Angehörige ausgelöst wurde, ähnlich wie bei Angstattacken, nicht mehr kontrollieren können. Auch schämen sich viele, ähnlich wie bei Angststörungen, ganz außerordentlich dafür. Neben der Trauer haben sie dann also auch noch mit diesem abgrundtief elenden Gefühl einer tiefen Scham zu ringen, weil man sich »nicht im Griff hat«.

Als Konsequenz sind sie bemüht, sich gleichzeitig gegen das Auftreten beider Gefühle zu wehren, indem sie versuchen, diese zu kontrollieren. Denn sie denken vielleicht, dass es der sozialen Norm nicht entspreche, immer noch so intensiv mit Tränen und innerem Zusammenbruch zu reagieren, und sie quälen sich selbst mit einer Scham, die einer nach innen gerichteten gesellschaftlichen Aburteilung, einer Art internalisiertem Ausschluss aus der schützenden Gemeinschaft gleicht.

Da die Betroffenen diese heftigen Gefühlsausbrüche wieder und wieder nicht »in den Griff« bekommen, schämen sie sich jedes Mal zusätzlich dafür, dass sie nicht »weiterkommen« und so diese gesellschaftliche »Norm« nicht erfüllen können. Daher vermeiden sie lieber die Auslöser und den Kontakt mit Personen, die solche Auslöser triggern könnten.

Die Folge ist, durchaus analog zum Verlauf von Angststörungen, dass sich die unkontrollierbare Trauerreaktion fixiert, höchstwahrscheinlich sogar weiter generalisiert: Im weiteren Verlauf werden auch bisher relativ periphere Erinnerungsreize zu Triggern unkontrollierbarer Trauer.

Diese Art von »Selbstkollaps« wird von den Trauernden selbst als peinlich und zudem extrem stressvoll und kraftraubend erlebt. Es ist nicht so, dass sie nach einer derartigen Extremreaktion entspannt und ruhig wären, wie man es bei einer normalen Abreaktion eines heftigen Gefühls erwarten könnte, sondern im Gegenteil. Die typische Reaktion darauf ist ein Zustand von Erschöpfung und Depression, teils bedingt durch den äußerst stressvollen inneren Kampf gegen den ›Selbstkollaps‹, teils durch die Selbstabwertung, die dem erfolglosen Vermeiden des Zustandes und dem Schamgefühl folgt, schon wieder versagt zu haben.

Eine systematische Behandlung dieses Problembereiches müsste an mehreren Stellen, und zwar möglichst gleichzeitig ansetzen:

1. *Kontrolle der Vermeidung – vor und während der Trauerattacke:* aktiv eigene Vermeidungen erkennen, z. B. mit Hilfe des bereits vorgestellten Regelkreismodells. Die Automatismen lockern und die Gefühle erkunden, zulassen und annehmen. Für Helfer bedeutet das, die Inhalte des Regelkreismodells individuell für den jeweiligen Trauernden auszufüllen. Dann vielleicht das Schwierigste: Zulassen. Dabei sein. Sich selbst beobachten, wie es einem geht, wenn andere anders reagieren, als man sich selbst das so vorstellt.
2. *Selbstakzeptanz – für die intensive Trauerreaktion* und *die Scham darüber:* sich mit dieser ›Schwäche‹ anzunehmen lernen; die strengen Kriterien an eigenes ›Funktionieren‹ überdenken; lernen, zu sich selbst während des Schämens (und danach) zu stehen. Im Spiegel die vom Weinen gerötete Nase berühren und über die geschwollenen Augenlider streichen.
3. *Mut zum Kontakt während der Scham:* entwickeln einer Form des Ausdruckes dieser Trauer-Angstattacke; während des ›Selbstkollapses‹ direkt in die Augen eines empathischen Gesprächspartners (Therapeut, Berater, Angehöriger, Freund) blicken. Dabei würde während des Selbstzusammenbruchs eine – erst minimale, dann allmählich stabiler werdende – Kontakterfahrung *im* katastrophalen Gefühl ermöglicht. Helfer gehen den Weg mit. Nicht nach Abkürzungen suchen. Selbstbeobachtung: Wie halte ich als Helfer diesem Blick stand? Wie schaue ich?

Während das ›Hauptselbst‹ kollabiert, zeigt sich das sich im Kontakt mit dem Gesprächspartner gestaltende Teilselbst mit seinem Jammer und wird dabei »fremdakzeptiert«, ein unmittelbar und heilsam erlebtes Modell für Selbstakzeptanz.

Es bricht also nicht mehr ›alles‹ weg, wenn es zum Kollaps kommt, sondern es bleibt ein Teilselbst auf ›tragfähigem‹ Kontaktboden bestehen und teilt sich in diesem Elend mit.

Diese Selbstmitteilung im Kontakt, bei dem die Trauergefühle voll gezeigt werden, schafft die neue Basis für eine Selbstkonfiguration im bisher unkontrollierbaren ›Trauertsunami‹. Man lernt dann auch, dass es möglich ist, im Kontakt zu bleiben, während die innere Selbstauflösung wie automatisch ihren Lauf nimmt. An dieser Kontakterfahrung richtet sich das vom Kollaps bedrohte Selbst wieder auf und lernt so allmählich die Trauer auf andere Weise zu erleben. Es wird dann möglich, sich in diesem Erleben selbst zu unterstützen, was wiederum ein ganz anderes Selbsterleben zur Folge hat, als das im Falle der zuvor wie automatisch einsetzenden Selbstaufgabe der Fall war. Diese regressive ›Selbstaufgabe‹ war zwar im Prinzip ein radikaler Versuch zum Selbstschutz, er ist aber dysfunktional, und zwar sozial und intrapsychisch.

Ist die Selbstakzeptanz bei Scham und ›Selbstkollaps‹ einigermaßen stabil geworden, reift die Zeit dafür, sich genauer anzusehen, *wie* man sich selbst seinen eigenen ›Selbstkollaps‹ erzeugt und *wie* die Scham darüber selbst geschaffen wird.

Falls diese Selbstaufgabe dennoch wieder stattfindet, ist das dann vielleicht nicht mehr ganz so schlimm, denn man hat die Erfahrung gemacht, dass man sich auch bei rückfällig erscheinenden Reaktionen einer empathischen Person gegenüber mitteilen kann, ohne sich abgrundtief schämen zu müssen. Und wenn man es dennoch tut, dass man sich dabei aber zeigen kann und sich annimmt.

Schamangst und die damit verbundene Scham sind heilbar. Der Weg dahin setzt aber ein gewisses Maß an Exposition diesen Gefühlen gegenüber voraus, wobei das Neue darin die Erfahrung des Kontaktes *während* dieser Gefühle wäre – des Kontaktes mit einer empathischen Kontaktperson und in der Folge davon der empathische Kontakt mit sich selbst im Moment des Erlebens dieser – das soll dabei nun keineswegs schöngeredet werden – unangenehmen Gefühle von Trauer, Angst und Scham.

Neben der Angst vor Selbstverlust und Schamangst können auch andere Angstinhalte den Trauerprozess beeinflussen. Neben den Realängsten über wirtschaftliche Veränderungen als Folge des Todesfalles können auch andere Ängste die Trauernden heimsuchen. So zum Beispiel die *Angst vor der familiensystemischen Verunsicherung* nach dem Verlust eines wichtigen Familienmitgliedes. Wie ändern sich die Bedeutungen innerhalb des Familiensystems, wer drängt sich in den Vordergrund, wie stellt man selbst sich auf die neue Position im System ein?

Auch kommt es oft vor, dass Trauernde bald nach dem Todesfall im normalen Wachzustand, am Arbeitsplatz, im Kontakt mit Freunden usw. sehr wohl ein gut angepasstes psychisches Funktionsniveau erreichen. Ziehen sie sich aber abends in die leer gewordene Wohnung zurück, kann eine Überflutung mit Angstattacken erfolgen, die Formen *quasipsychotischer Angst* annehmen können. Man weiß nicht mehr, was real Wahrgenommenes ist, was fantasiert ist. Die Betroffenen beginnen Gespräche mit den Verstorbenen und kultivieren so eine Art virtuelle Nebenrealität, die den Verlust quasi ungeschehen machen soll, wodurch die Trauer überflüssig würde.

Die Abwesenheit der sonst immer da gewesenen verstorbenen Person wird als erdrückend erlebt, und man rechnet vielleicht mit dem Auftreten von Geistern. In solchen Fällen hat sich in der Therapie ein rollenspielartiges Gegenübertreten bewährt, in dessen Verlauf der Verstorbene durchaus laut angeredet werden kann, diesmal allerdings nicht, um ihn wieder in die Realität zu integrieren, sondern um ihn gleichsam in seine ›Schranken‹ zu verweisen. Das Akzeptieren der Trennung schafft dann auch klare innere Grenzen: Du bist dort und ich bin hier, und auch wenn es traurig ist, dass unsere gemeinsame Zeit beendet ist, solange ich lebe, bleibt es so: Du bist dort und ich bin hier … Und eines Tages werde auch ich dort sein.

Überlebensschuld

Eine andere Angst im Trauerprozess kann die Angst im Zusammenhang mit Überlebensschuld werden. Aus dem Schuldgefühl, das entsteht, weil man selbst weiterleben kann, während die nahestehende Person tot ist, folgt der Druck, etwas zum Schuldausgleich tun zu müssen. Dieser Druck ist in der Regel umso größer, je »ungerechter« der Tod des Angehörigen erlebt wird. Zum Beispiel nach einem Unfall, bei dem man selbst unversehrt entkommen konnte und an dessen Folgen aber der Angehörige starb.

Man meint dann, etwas tun zu müssen, wodurch das Unrecht ausgeglichen wird. Die extremste Form dieses versuchten Ausgleichs wäre der Suizid. Weniger extreme Formen wären etwa, wenn jemand sich von Stund an ständig für andere aufopfert, sich selbst kein Vergnügen und keine Lebensfreude mehr gönnt oder ununterbrochen Gebete murmeln muss, die dem Verstorbenen »gutgeschrieben« werden sollen. Manche Menschen werden dabei von der Angst gepeinigt, zu wenige Bittgebete gesprochen zu haben oder zu selten das Grab besucht zu haben.

Diese und ähnliche selbst auferlegte Lasten können am ehesten unter respektvoller Berücksichtigung des Glaubenssystems des Trauernden bearbeitet werden. ›Respektvoll‹ heißt in diesem Zusammenhang auch, dass die zeitweilige psychische Destabilisierung nicht dazu missbraucht werden darf, Trauernde für bestimmte Glaubensgemeinschaften oder Ideologien zu missionieren. Gewiss, Therapeuten und Berater haben auch ihre Glaubenssysteme und Ideologien, doch sie sollten sich dessen sehr bewusst sein, vor allem auch der Gefahr, Unsicherheiten in diesen Überzeugungssystemen zu kompensieren, indem sie andere, im vorliegenden Fall durch das Verlusterleben psychisch geschwächte Trauernde, in ihr Glaubenssystem missionarisch hineinziehen.

Manchmal kann es aber auch sein, dass diese Schuldvorwürfe an sich selbst die Funktion haben, in der Bindung mit der verstorbenen Person zu bleiben. Indem man sich ständig erinnert, schuldig an ihr zu sein, bleibt man in dem System der Abhängigkeit gefesselt und will das insgeheim vielleicht auch so. Wer sich schuldig fühlt, bleibt subjektiv abhängig und muss nicht die Last der Verantwortung, wirklich frei und unabhängig zu sein, selbst schultern. Er muss nicht damit aufhören, andere für das eigene Versagen verantwortlich zu machen, sondern bleibt ›Sklave‹ des Verlustes.

Wenn jemand sich letztlich zu so einer Lebenshaltung in innerer Abhängigkeit entscheidet, wäre für den Betreffenden eine Trauertherapie allerdings vermutlich vergeudete Mühe. Denn die Übernahme der Verantwortung für die eigene Lebensgestaltung, die Neufassung von Zielen und Lebenssinn erfordern die Bereitschaft zum Wagnis Freiheit und damit zur Konfrontation mit der eigenen Endlichkeit.

Auch andere Inhalte von an sich selbst gerichteten Schuldvorwürfen – auf den Verstorbenen zu wenig aufgepasst, ihn nicht genug geschützt, betreut zu haben – können die Funktion haben, die Trauer und das volle Anerkennen des Verlustes von sich fernzuhalten.

Man schafft sich damit die Illusion der Kontrolle – »hätte ich nur …« – und vermeidet dadurch die Einsicht, dass Kontrollverlust manchmal unausweichlich ist, vor allem, wenn der eigene Tod ansteht.

Therapeuten und Trauerhelfer können hierbei durch behutsames Nachfragen nach den befürchteten Konsequenzen des Kontrollverlustes einen Anreiz setzen, weiter nachzudenken: »Was erwarten Sie, passiert, wenn Sie aufhören würden, sich Vorwürfe zu machen? Wenn Sie sich einfach entschließen würden, die Ereignisse, so wie sie waren, zu akzeptieren, und nicht mehr sich selbst dafür verantwortlich machen? Gibt es vielleicht sogar einen Teil Ihres Ichs, der Angst davor hat, nicht mehr schuldig zu sein?«

Aufgaben, verbunden mit Trauer – Neuordnung des Weiterlebens

Dieses zweite Aufgabenfeld ist ein eher pragmatisches. Hierbei handelt es sich darum, welche Aktivitäten der neue Alltag fordert und wie sie (wieder)erlernt werden können. Das können auch vermeintlich profane Aufgaben sein. Ähnlich wie bei der Gruppentherapie mit den Witwen, die das Betanken eines Autos erlernen mussten, ergab sich während einer Gruppentherapie mit älteren Witwern das Problem, dass die meisten von ihnen, wie sie selbst sagten, »nur Wasser kochen konnten«. Es stellte sich allerdings heraus, dass einige sich schon immer an einem »g'scheiten Schweinsbraten« versuchen wollten und andere im Ruhestand sehr internetaffin wurden. Sie berichteten von einer Teamarbeit, wie sie sie, seitdem sie im Ruhestand waren, nie mehr erlebt hatten. Alte Fähigkeiten wurden wiedererlebt, neue Fertigkeiten erworben und die Gemeinsamkeit genossen. Die Gruppe organisierte dies alles selbst, und zum Abschluss gab es für den Gruppenleiter ein selbst gemachtes Rezeptbüchlein.

Eine zur Akzeptanz und damit zur Verbesserung führende Aufgabe ist der Umgang mit dem Erbe. Um ein Erbe anerkennen und annehmen zu können, muss der Verlust zuerst zur Realität werden.

Dabei ist hier weniger das materielle als das ideelle Erbe gemeint. Es geht hierbei um die Frage, wie die Verstorbenen in Erinnerung bleiben sollen und welche Eigenschaften und Angewohnheiten übernommen werden sollen.

Auch der Umgang mit Triggern oder Trauerauslösern ist eine wichtige Aufgabe der Behandlung für Komplizierte Trauer, da diese Auslöser ja immer wieder besonders im Zusammenhang mit der Neuordnung des Weiterlebens auftreten – man wird sich ständig dessen bewusst, was sich verändert hat, wer nicht mehr da ist. Derart getriggerte Trauerattacken bergen die Gefahr, die Arbeit an der Neuordnung resigniert aufzugeben und in passiver Trauer zu versinken.

Insgesamt ist es ganz individuell, um welche Aufgaben es sich handelt. Sie hängen häufig sehr mit den sekundären Verlusten zusammen (siehe den Abschnitt »Sekundäre Verluste« in Kapitel 2) oder werden durch äußere Gegebenheiten eingefordert, wie das folgende Beispiel zeigt:

> ***Frau N – Neuordnung***
> Die Tochter von Frau N. war vor über zehn Jahren gestorben. Seither hatte Frau N. das Kinderzimmer im Originalzustand belassen, um ihrer Tochter immer wieder gefühlt nahe sein zu können. Sie durchbrach diesen Kreislauf, indem sie eine Veränderung wagte. Als ihre andere Tochter ein Baby bekam, begann sie, einzelne Dinge ihrer verstorbenen Tochter an ihre kleine Enkeltochter weiterzugeben. Schließlich beschloss sie, das gesamte Zimmer zum Spielzimmer für ihre Enkelin umzugestalten. Sie begann damit, den Tod ihrer Tochter mehr zu akzeptieren und damit ihr Leben neu zu ordnen. Das Zimmer nannte sie nun nicht mehr Kinderzimmer, sondern Spielzimmer. Frau N. war nach wie vor die Mutter ihrer verstorbenen Tochter, aber sie nahm auch die Rolle und Aufgaben einer Großmutter an.

Die Anpassung an die neue Situation und die Neuordnung des Lebens können wir oft daran sehen, dass Hinterbliebene sich nach geraumer Zeit als eigenständige Person sehen und sich nicht mehr primär über die gemeinsame Rolle mit dem Verstorbenen definieren, zum Beispiel als Teil eines Paares, sondern als Witwer oder Witwe. Auch Eltern eines verstorbenen Kindes könnten sich dann dazu entschließen, sich anderen nicht mehr nur als verwaiste Eltern vorzustellen, sondern mit den Attributen, die sie jetzt kennzeichnen. Sie haben ihre neue Rolle und die damit verbundenen Aufgaben definiert und sich auf die gegebene Situation eingestellt.

Wenn die einen Hinterbliebenen es erschreckend finden, dass die Trauer kein Ende nehmen kann, ist für andere Hinterbliebene der Gedanke erschreckend, dass die Trauer »besser wird«. Sie befürchten, dass eine Neuordnung ihres Lebens nicht nur eine Illoyalität gegenüber den Verstorbenen ist, sondern auch deren Vergessen verursacht. Sie haben Angst und assoziieren eine Verbesserung mit der Befürchtung, dass die verstorbene Person ihnen damit entrückt oder dass sie sich von ihr distanzieren. Hier kann gesagt sein, dass es gesunden Menschen nicht möglich ist, wichtige Menschen in ihrem Leben zu vergessen. (Wenn es die Möglichkeit gäbe, solch wichtige Lebensinhalte vergessen zu machen, wäre daraus mit Sicherheit schon lange ein Geschäftsmodell entstanden.) Menschen, die uns nahestanden, bleiben auch nach ihrem Tod ein Teil unseres Lebens.

Hinterbliebene sind allerdings dazu aufgefordert, die Beziehung zum Verstorbenen zu verändern, denn diese Beziehung kann nach dem Tod des einen nicht mehr so gelebt werden wie vor dem Tod. Das ist die Aufgabe der Anpassung, der Neuordnung: Der Umgang mit den Verstorbenen verlangt eine veränderte Beziehungsgestaltung, eine Abgrenzung im praktischen Sinn; so kann beispielsweise für den Verstorbenen nicht mehr gekocht werden, da er nichts mehr essen kann.

Die kognitive und emotionale Beziehungsqualität kann, muss sich aber damit nicht ändern. Das heißt, die Verschiebung der internen und externen Grenzen ist nicht zwangsläufig identisch. Sollte ein Familienmitglied auf die Idee kommen, einen Stammbaum seiner Familie anzufertigen, dann ist die Beziehung zum Verstorbenen auch nach dessen Tod noch immer dieselbe, das heißt einmal Sohn – immer Sohn. Wie aber mit dem Vater umgegangen wird, das wird sich mit dessen Tod ändern.

Kognitive Verhaltenstherapie (KVT)

Mehrere Therapiemodelle zur Behandlung Komplizierter Trauer wurden im deutschen Sprachraum bereits entwickelt. Dazu gehört eine ambulante psychotherapeutische Einzeltherapie für Erwachsene mit Komplizierter Trauer, die unter der Leitung von Prof. R. Rosner an der Ludwig-Maximilians-Universität in München entwickelt und empirisch überprüft wurde. Die Behandlung umfasst 25 wöchentliche Sitzungen. Dabei handelt es sich um eine kognitiv-verhaltenstherapeutische Behandlung. Einzelne Elemente wurden zusätzlich aus anderen Therapiearten übernommen, modifiziert und integriert. Das sind Elemente aus der Lösungsorientierten Therapie, der Systemischen Therapie, der Gestalttherapie und des Psychodramas, Entspannungstechniken und Elemente aus der Hypnotherapie von Milton Erickson.

Da es sich dabei nur um einzelne Elemente handelt, ist das Erlernen der jeweiligen Therapieart als Ganzes nicht vorausgesetzt. Diese Therapie ist von Psychotherapeuten durchzuführen und wird ausführlich im Behandlungsmanual »Anhaltende Trauerstörung« von Rosner und Kolleginnen (2015) beschrieben (siehe auch Pfoh, Kotoučová & Rosner, 2012). Es kann erwartet werden, dass verhaltenstherapeutisch ausgebildete Psychotherapeuten bereits ausreichende Kenntnisse im zugrunde liegenden Behandlungsmodell besitzen und die Schritt-für-Schritt-Anleitung dann korrekt in die Praxis umsetzen können.

Der Fokus dieser Behandlung liegt auf der Gegenwart und Zukunft. Um die bereits durch den Verlust des Verstorbenen entstandene Veränderung zu akzentuieren, steht die Frage »Was hat sich verändert?« am Anfang jeder Therapiesitzung. Es wird aber immer darauf hingewiesen, dass es sich bei der Veränderung um eine Erweiterung des Verhaltensrepertoires handelt und nicht um das Ersetzen des einen Verhaltens durch ein anderes. Das verleiht Patienten die Freiheit, sich ihr Handeln und Denken zu verschiedenen Zeitpunkten auszuwählen, was wiederum einen höheren Grad der Selbstbestimmung und Kontrolle gewährt.

Die Kognitive Verhaltenstherapie geht davon aus, dass auch Gedanken eine Art von Verhalten sind und Gedanken, Gefühle und

Handeln sich gegenseitig beeinflussen. Wenn ich also mein neues Fahrrad vor dem Haus abgestellt habe und dann ein blechernes Geräusch draußen höre, werde ich besorgt (Gefühl) aufspringen und hinauslaufen (Handlungen), falls ich mit dem Geräusch eine Beschädigung meines Fahrrads (Gedanke, Interpretation oder Deutung des Geräusches) in Verbindung bringe. Denke ich aber, dass das Geräusch durch den Abtransport des Mülls durch die Müllabfuhr (Gedanke, Interpretation oder Deutung des Geräusches) verursacht wurde, kann ich unbesorgt (Gefühl) und entspannt sitzen bleiben (Handeln).

So werden neue Denk- und Verhaltensweisen im Umgang mit Trauer erarbeitet. Diese beeinflussen die Gefühle und stehen dem Patienten auch nach Beendigung der Behandlung zur Verfügung. Dabei sollen die Patienten verstehen, dass die Therapie keinen Vollständigkeitsanspruch hat und auch nicht verspricht, dass sie die Trauer ›wegzaubert‹ – schon gar nicht in 25 Sitzungen. Vielmehr sollen die Patienten wissen, dass Zeiten der erhöhten Trauer wieder zurückkehren können und dass – wenn auch in veränderter Form – der emotionale Anteil der Trauer möglicherweise ihr ganzes Leben anhalten kann. Für solche Zeiten der wiederkehrenden Trauer kann nun das in diesen 25 Sitzungen erarbeitete ›Werkzeug‹ erneut seinen Einsatz finden.

Basierend auf den zuvor beschriebenen Trauermodellen, insbesondere dem Dualen Prozessmodell von Stroebe und Kollegen, richtet die therapeutische Arbeit den Fokus auf zwei Aufgabenfelder:

1. Das Erleben und die Auseinandersetzung mit allen Gefühlen, die mit der Trauer für die Hinterbliebenen verbunden sind.

2. Die Identifikation und die Beschreibung der Aufgaben, die für die Anpassung an die neue Situation, also die Neuordnung des Lebens zuständig sind.

Allerdings wird durch die folgende Ausführung klar, dass sich diese beiden Punkte oft überschneiden. So ist es durchaus verständlich, wenn das Erlernen einer neuen Funktion, wie z. B. Betanken des Autos, immer wieder Gedanken an den Verstorbenen hervorruft, die wiederum emotionale Reaktionen auslösen, die dann adressiert werden müssen.

Die Behandlung wurde für Erwachsene mit Komplizierter Trauer entwickelt. Für eine Teilnahme an der Behandlung mussten alle Patienten grundsätzlich die Kriterien für Komplizierte Trauer erfüllen (siehe das Unterkapitel ›Kriterien für Komplizierte Trauer‹ in Kapitel 6). Gemäß diesen Kriterien musste der Tod der verstorbenen Person mindestens sechs Monate zurückliegen. Eine zeitliche Obergrenze besteht jedoch nicht, denn auch Hinterbliebene, die seit vielen Jahren – auch Jahrzehnten – den Tod einer nahestehenden Person betrauern, können von dieser Behandlung profitieren. Das Mindestalter für eine Teilnahme an der Studienbehandlung lag bei 18 Jahren. Auch für das Alter der Teilnehmer war keine Obergrenze festgelegt. Da verschiedene Übungen eine Lese- und Schreibfertigkeit voraussetzen, mussten auch diese Kriterien von allen Patienten erfüllt werden. Die Behandlung ist in mehrere Abschnitte und Themenbereiche aufgeteilt. Außerhalb der Studienbedingungen kann sie in ihrer Gesamtheit oder nach Auswahl verschiedener Module durchgeführt werden.

Diese Therapie eignet sich zur Behandlung von Hinterbliebenen, die um einen Menschen trauern, den sie entweder durch einen natürlichen Tod, wie Alter oder Krankheit, oder durch einen nicht natürlichen Tod, wie Unfall, Suizid oder Homizid, verloren haben. Gleichermaßen kann es sich bei dem Verlust um den Tod eines betagten Elternteils oder ein stillgeborenes Kind handeln; oder aber auch um den Verlust eines Kindes durch einen Schwangerschaftsabbruch. Demnach variiert auch das Alter der verstorbenen Personen.

Da der Behandlungsfokus auf Kurzzeittherapie gerichtet ist, sollten Patienten mit akuter Suizidalität, Psychosen oder Substanzabhängigkeit von der Behandlung ausgeschlossen werden.

Integrative Trauertherapie (ITT)

Bei der in diesem Buch dargestellten Therapie handelt es sich um einen integrativen Behandlungsansatz, der sich sowohl auf gestalttherapeutische als auch auf kognitiv-verhaltenstherapeutische Elemente stützt und eine Weiterentwicklung der in früheren Abschnitten erwähnten zweigliedrigen Trauertherapie darstellt, die an der LMU München empirisch evaluiert wurde (siehe zum Beispiel Pfoh aus dem Jahr 2012; auf Deutsch in Rosner und Kolleginnen, 2015). Dabei lagen auch unsere Erfahrungen in der Behandlung mit traumatisierten Menschen zugrunde (siehe dazu das Behandlungsmanual von Butollo und Karl, 2012, und grundlegender Butollo, Krüsmann und Hagl, 2002). Besonders wertvoll waren außerdem die Erfahrungen in der Behandlung von bosnischen Frauen, die ihre Männer im Krieg unter traumatischen Umständen verloren hatten, oft ohne sich über deren Tod sicher sein zu können (siehe die Studie dazu veröffentlicht in Hagl, Powell, Rosner & Butollo, 2014).

In Anlehnung an das Duale Prozessmodell von Stroebe und Schut (1999, 2010) beschäftigt sich auch die Integrative Trauertherapie inhaltlich sowohl mit emotionalen Aufgaben im Kontext mit dem Verlust als auch mit restaurativen (trauerbedingt verlorene Fähigkeiten und Kontakte wiederherstellen) und adaptiven (sich in soziale Gegebenheiten fügen) Aufgaben.

Die vor dem Verlust gut verfügbaren Fähigkeiten der Trauernden werden (wieder)erworben und neue Möglichkeiten in ihren veränderten Lebensumständen entwickelt.

Um eine Anpassung an die veränderte Situation nach dem Tod der nahestehenden Person herzustellen, sind beide Wege gleichermaßen notwendig. Diese Therapiemethode hat sich dabei der Notwendigkeit der Flexibilität einzelner Schritte in der Trauerbewältigung gestellt, wie zum Beispiel Worden (siehe sein Trauermodell in Kapitel 1) sie vorsieht.

Allerdings sieht die hier beschriebene Integrative Trauertherapie ein drittes Aufgabenfeld im Zentrum, nämlich die Erkundung des eigenen Innenlebens im Prozess des Trauerns. Dies führt dazu, dass das Selbst des Trauernden allmählich einen Selbstanteil entwickelt, der das eigene Selbst beobachtet und der damit nicht mehr in der Trauer unterzugehen droht. Gewissermaßen ein interner »Trauerbegleiter« entsteht.

In allen Therapieabschnitten wird der Rekonstituierung der Selbstprozesse besonderes Augenmerk geschenkt. Die trauerbedingt entstellten Selbstprozesse in ihren destruktiven Abläufen, ihren Sackgassen aufzuspüren und eine freie, selbstverantwortliche, dialogfähige Beziehungsgestaltung wieder zu stimulieren, ist gleichsam das Leitmotiv, das sich durch alle Therapiephasen zieht. Die Vorgehensweise wird dabei der jeweiligen Phase und den individuellen Gegebenheiten entsprechend anzupassen sein (mehr zum Umgang mit den Selbstprozessen in Butollo und Hagl, 2003).

Auch im Hinblick darauf, welche Ziele die Klienten selbst bevorzugen, wären die Hilfestellungen entsprechend auszuwählen. Sind hierbei die Patienten selbst nicht primär auf rasche Veränderung gepolt, wird ihnen ein langsameres Eintauchen in ihre Gefühls- und Bewusstseinsprozesse angeboten. Diese eher dem humanistischen Paradigma folgende Vorgehensweise soll die Selbstwahrnehmung stärken, die Selbstakzeptanz fördern. Das bedeutet, dass die Veränderung der Trauerbelastung sich als Folge einer stabilisierten Persönlichkeit einstellt, ganz im Sinne von sicherer gewordenen Selbstprozessen. Damit wird ein konstruktiver Umgang mit dysfunktional gewordenen sozialen Schranken und Traditionen möglich. Ein Beispiel soll das verdeutlichen:

> Ein Vater, Inhaber einer mittelständischen Firma, hat seine gerade erst volljährig gewordene Tochter durch einen tödlichen Bergunfall verloren. Sie hatte bereits im Betrieb mitgearbeitet und hätte ihn später einmal übernehmen sollen. Auch Monate nach dem Ereignis wagt sich der Vater nur nachts in seine Firma, um dort einige Vorgänge zu kontrollieren und Briefe zu unterschreiben. Der Grund? Er fürchtet sich vor den Trauerattacken, die ihn im Kontakt mit Mitarbeitern und langjährigen Kunden überfallen könnten. Er hat Angst, er könnte mitten im Gespräch, wie unter Zwang, an seine tote Tochter denken müssen, den Gesprächsfaden verlieren und darüber in Tränen ausbrechen. Es wäre ihm peinlich, in Gegenwart anderer so die Kontrolle zu verlieren.
>
> Er wundert sich selbst, dass er gegenüber ganz engen Vertrauten hingegen diese Ängste nicht entwickelt – und auch die unkontrollierbaren Trauerattacken meist ausbleiben. Zwar wird er auch da häufig traurig, doch kann er sich

mit seiner Trauer zeigen und sich gleich wieder auf das Gespräch konzentrieren.

Im Beratungsgespräch wird die gefürchtete Situation einer Trauerattacke mit einhergehendem Verlust der emotionalen Kontrolle – er muss z. B. vor einem Kunden plötzlich heftig weinen – durchgesprochen und die tatsächliche oder vermeintliche Katastrophe ausgemalt. Die soziale Schranke, die dem Vater dabei Probleme bereitet, lässt sich in dem Satz zusammenfassen, dass »... man bei der Arbeit als Chef schlicht und einfach nicht zu weinen hat«.

Auf die Frage, was denn geschehen würde, wenn er es doch täte, kommt er zu dem Ergebnis, dass gar nichts Konkretes passieren würde. Nur sein Kunde hätte vielleicht gesehen, dass er ein persönliches Problem hätte. Auf den Vorschlag hin, sich einmal in die Lage des Kunden zu versetzen, stellt er fest, dass er gewiss betroffen wäre, nachfragen würde, was denn geschehen sei, und, nach der entsprechenden Information, volles Verständnis für die Belastung seines Gegenübers empfinden würde.

Es überrascht den Mann, dass seine Vorstellung von dem möglichen Unverständnis seiner Gesprächspartner unrealistisch zu sein scheint und, selbst wenn er vereinzelt doch unvermittelt auf Unverständnis stoßen würde, ihn das nicht mehr bedrohen würde. Im Gegenteil, »wer mich nicht versteht, versteht das Wesen der Menschen nicht«.

Auch wenn die Menschen in der Regel selbst primär an der Reduktion der Trauersymptomatik interessiert sind, macht es Sinn, ihnen stets auch die Frage nach den Gründen zu stellen, die für die Wünsche nach schneller Veränderung verantwortlich sind: Was ist so unerträglich an der Trauer? Wie trauern Sie denn? Was befürchten Sie, wenn Sie sich der Trauer und den sie begleitenden sonstigen Gefühlen stellen und sie etwas länger zulassen? Was passiert tatsächlich, wenn andere Ihre Trauer sehen?

Dann läuft die Arbeit an der Trauer in Beratung oder Therapie nicht Gefahr, lediglich der Unterstützung von Trauerunterdrückung und -vermeidung zu dienen.

Diese alternativen Vorgehensweisen, einerseits das Erlernen von Fertigkeiten zur besseren Trauerkontrolle und andererseits die Akzeptanz des eigenen Ausnahmezustandes als etwas ganz Normales, lösen sich im weiteren Verlauf in der Regel gegenseitig ab. Der Ausnahmezustand angesichts des schweren Verlustes, mit seinen abnorm anmutenden Emotionen und psychischen Einbrüchen, ist normal angesichts der als nicht normal erlebten Geschehnisse. Und die Versuche, sich zu stabilisieren, erstrecken sich nicht nur über die Methoden der Emotionskontrolle, sondern sie schließen die Möglichkeit, den eigenen Kontrollverlust zu akzeptieren, mit ein, so divergent und unvereinbar diese beiden Vorgehensweisen in der Anfangsphase von Trauerberatung oder -therapie auch erscheinen mögen.

Das bedeutet, dass am Ende des Weges der Trauerbewältigung beide großen Therapieziele erreicht werden, die bessere Handlungskompetenz im Umgang mit Trauerfolgen wie auch eine verbesserte Selbstakzeptanz.

Wichtig ist aber, dass dem Patienten keine bestimmte Vorgehensweise aufgedrängt wird, sondern Berater oder Therapeuten sich an den Wünschen, Bedürfnissen und Fähigkeiten der Patienten orientieren. Die Methoden in Beratung und Therapie sind dabei nicht so verschieden, denn sie bestehen in erster Linie im behutsamen Nachfragen im Hinblick auf das Erleben der Situation, seine Bewertung, die Normen und Regeln, mit denen das Erleben jetzt zu kollidieren scheint, und auch im Hinblick auf die Wünsche, wohin sich die Situation und das Erleben der trauernden Person entwickeln sollten.

Ein ›nicht lösungsorientiertes‹ Vorgehen in Beratung und Therapie?

Die Wirklichkeit unseres Erlebens wird uns durch die Sinne, die Wahrnehmung und die Vorstellung sowie durch die Denktätigkeit gleichsam erschaffen. Sie ist zwangsläufig subjektiv, und auch wenn wir automatisch annehmen, dass das »Sehen« der Farbe Rot für jeden Sehenden die gleiche Erlebnisqualität hat, können wir das nicht, vermutlich niemals, ganz sicher wissen. Aber wir gehen stillschweigend davon aus und handeln danach.

Nun bringt das in der Wahrnehmung von sensorischen Inhalten im Allgemeinen keine so großen Widersprüche. Doch in dem stärker durch das Denken bestimmte Erkennen komplexerer sozialer oder wirtschaftlicher Veränderungen klaffen die Vorstellungen von ›Wirklichkeit‹ schon erheblich auseinander, abhängig von den jeweils mitspielenden Interessen, Ideologien oder einfach Vorerfahrungen. Die meisten Menschen machen sich darüber im Alltag keine besonderen Gedanken, bestätigen oder revidieren ihre Überzeugungen je nach ihren Erlebnissen und werden so im Lauf des Lebens innerhalb ihrer subjektiven Welt routinierter und vielleicht auch weiser.

Zu den hartnäckigsten Überzeugungen, die wir in uns formieren, gehört vielleicht auch eine, die wir gar nicht in Frage stellen wollen: Probleme sind dazu da, gelöst zu werden. Nun wird man einwenden, dass ohne Zweifel ein Problem, das gelöst wird, in der Regel besser ist als eines, das unlösbar ist. Und trotzdem, unsere Zivilisation ist so fixiert auf schnelle Lösungen, dass eine andere Sichtweise schier unvorstellbar geworden ist und eine Forderung nach ›Umdenken‹ schnell als Verrücktheit abgetan wird. Doch sind die bisher erreichten Lösungen wirklich so unbestritten segensreich?

Und ist nicht angesichts des Todes die fast suchtartige Lebensweise durch eine permanente Abfolge von Problemlösungen an einer undurchdringlichen Mauer förmlich zerschellt?

Was bleibt als Alternative? Provokant gesagt, es gibt keine Alternative im Sinne eines ›Entweder-oder‹, sondern das, was bleibt, ist der Blick auf das, was *wie* ist. Um im Bild zu bleiben: Man hockt sich an der Mauer auf den Boden und versucht wahrzunehmen, wie das, was jetzt ist, beschaffen ist. Gegenwärtiges Betrachten der äußeren und inneren Situation: Wo bin ich, wie fühle, denke, sehe ich jetzt? Wie ›gestalte‹ ich jetzt meine Wirklichkeit, ohne sie sofort wieder optimieren zu müssen?

Übertragen auf die Situation Trauernder könnte man fragen: Wie fühlt sich Ihr gegenwärtiges Sein denn an? Was ist wie schmerzhaft, wie denken Sie dabei, wie nehmen Sie sich wahr? Was meinen Sie nicht aushalten zu können? Und was geschieht, wenn Sie bei diesen Empfindungen, Gedanken, Gefühlen aufmerksam verweilen?

Die Berater würden in so einer Situation keine Handlungsanleitungen mehr geben, sondern nur mehr nachfragen, nach dem *Wie* des Erlebens des Trauernden. Indem sie so fragen, laden sie ihn ein, sich und seine Selbst- und Weltkonstruktion unmittelbar und gegenwärtig zu erkunden.

»Gegenwärtige« Achtsamkeit, Selbstsicherheit und Dialogfähigkeit

Hier nun einige Beispiele für dieses behutsame Hinführen an Gegenwärtiges im Nachfragen, wobei jeder seinem persönlichen Stil entsprechend die Fragen umgestalten mag:

Einladung dazu, die Trauer bewusst zu spüren:

Der Helfer lenkt die Aufmerksamkeit im Gespräch auf die gegenwärtige Gefühlswahrnehmung: Wie fühlt der Trauernde, wenn er als Klient in Beratung oder Therapie sitzt, sein Traurigsein jetzt? Im Zuge dieser Selbsterkundung fragt sich der Trauernde z. B.: Wie fühle ich als Klient mein Traurigsein jetzt? Wie kann ich dieses Gefühl annehmen, unterstützen, zum Ausdruck bringen?

Was hält mich davon ab, es zuzulassen, das Trauergefühl auszudrücken, es in Bewegung, Gestik, Töne, Worte, Sätze, Bilder, Skulpturen fließen zu lassen?

Wie kann ich diese Widerstände dagegen, die Traurigkeit zuzulassen, besser erkennen, ihrer protektiven Funktion nachspüren, wie die Widerstandsmethoden Angst, Verspannung, Hektik oder körperliche Blockade etc. in Worte fassen?

Welche Impulse nehme ich wahr, meine Situation zu verändern? Was löst diese Impulse aus, sind es Vorstellungen von Verschlimmerungen? Wenn ja, wo kommen diese Vorstellungen her, welche Überzeugungen nähren sie?

Selbstexplorative Fragen zu Beziehungsgestaltung in Gegenwärtigem – in Vergangenem:

Wie gestalte ich im Gegenwärtigen der Gesprächssituation als Trauernde meinen Kontakt *jetzt* zum Berater, zum Therapeuten?

Was für einen »Selbstausschnitt« wage ich, will ich ihm zeigen? Was will ich verstecken? Was brauche ich jetzt, vom Berater/Therapeuten, von mir selbst, um mich so zeigen zu können, wie ich bin, wie ich mich jetzt fühle, jenseits der Klischees, an denen ich mich vielleicht sonst im Kontakt mit Menschen orientiere?

Und wie gestalte ich meine innere Beziehung zum Verstorbenen? Führe ich innere Dialoge? Kann ich sie hörbar, sichtbar machen, indem ich laut zu der zwar nicht physisch, aber psychisch subjektiv sehr präsenten verstorbenen Person spreche? So als würde sie auf einem leeren Stuhl sitzen oder im Raum stehen?

Und wie kehre ich im Gespräch über das Erlebte wieder in den Kontakt mit dem Berater/Therapeuten zurück? Kann ich meine Gefühle von Scham oder Wut, vielleicht mit den dazu auftauchenden Gedanken und ganz tabuisierten Gefühlen ihm gegenüber zum Ausdruck bringen?

Selbstexplorative Fragen zu Selbstakzeptanz im Trauern, Fürchten, Wüten, Schämen:

Kann ich es annehmen, dass der Berater/Therapeut mich mit diesen Gefühlen annimmt?

Kann ich es akzeptieren, dass auch der Berater/Therapeut Schwächen hat?

Kann ich es annehmen, dass ich manchmal in diesen Gesprächen, als Klient, nicht »gut« bin, dass ich mich verweigere, keine klaren Gefühle benennen kann?

Kann ich Ja dazu sagen, wenn ich manchmal auf den Trauerberater sauer bin, da er mich aus meiner Sicht emotional im Regen stehen lässt und mich als reifen, eigenverantwortlichen Erwachsenen einfordert, während ich mich an seinen imaginären Rockzipfel hängen und von ihm versorgt werden möchte? Auch wenn er meine Gefühle dazu akzeptiert, mir dennoch klarmacht, dass letztlich ich es bin, der mein Leben zu gestalten hat.

Kann ich es akzeptieren, dass auch ich eines Tages tot sein werde und keiner mir wirklich sagen kann, was dann sein wird, wenn denn dann überhaupt etwas *sein* wird, da vielleicht mit mir auch meine gesamte ge- und erlebte Welt stirbt?

Bin ich schon so weit, dass ich im Grunde mein Leben selbst verantworten, es selbst in die Hand nehmen und mich bei niemandem beschweren kann, dass es so ist, wie es ist?

Bin ich schon so weit, dass ich auch meinem verstorbenen Angehörigen sein Leben und seinen Tod lassen kann? Ihm auch die Verantwortung dafür lassen kann, was er für sich nicht so gestalten konnte, wie er es geplant oder gewünscht hatte?

Kann ich wirklich sagen, ich respektiere dein Leben und deinen Tod so, wie sie gewesen sind?

Kann ich mich dann meinem eigenen Leben so weit zuwenden, es verantworten, ohne anderen meine Eigenverantwortung in die Schuhe zu schieben?

Bin ich schon so weit, in diesem Sinne frei zu sein?

Manchmal ist es auch schwierig, eine derartige persönliche Entwicklung zu beschreiten, wenn der Umgang mit der Trauer innerhalb einer Familie eben sehr unterschiedlich ist. Wenn sich einer der Trauernden verändert, kann es sein, dass die anderen in der Familie mit Entsetzen reagieren und versuchen, die innere Veränderung des Patienten aufzuhalten. Vielleicht werden sie ihn für seine neu gewonnene Haltung kritisieren und ihm vorwerfen, dass er nicht genug trauere oder gar, als Gipfel der Druck erzeugenden Unterstellung, den Verstorbenen nicht genug geliebt habe. Das kann zu erheblichen intrafamiliären Spannungen führen (zu verschiedenen Trauerstilen siehe auch den Abschnitt »Trauer und Familie« in Kapitel 7).

Während ein Familienmitglied das andere wegen seines Vermeidungsverhaltens rügt, versteht ein anderes nicht, warum sich die übrigen Familienmitglieder immerzu mit der verstorbenen Person beschäftigen oder gar ihr Leben so gestalten, als ob es überhaupt keinen Todesfall gäbe. Oft wird auch das Vermeidungsverhalten als Desinteresse an dem Verstorbenen verstanden oder andererseits die ständige Beschäftigung mit der verstorbenen Person als Desinteresse für die Anpassung an die neue Situation.

Dann gibt es hierfür die Option einer Sitzung mit Bezugspersonen. In einem ersten Teil, nur mit dem kompliziert Trauernden, werden Inhalt und Ablauf dieser Sitzung besprochen. Im zweiten Teil werden dann zum Beispiel Familienmitglieder eingeladen. Schwerpunkt dieser zweiten Sitzung ist es, den Angehörigen Information über Komplizierte Trauer zukommen zu lassen, mit dem

Ziel, das Verständnis zu wecken, dass Trauer ein äußerst individueller Prozess ist. Außerdem sollen die einzelnen Familienmitglieder die Gelegenheit erhalten, ihre eigene Trauergeschichte den anderen mitzuteilen.

Wichtig für die Berater/Therapeuten in dieser Sitzung ist es, wie übrigens in so gut wie allen Gruppen- oder Paargesprächen, für ausgeglichene Sprechzeiten der einzelnen Teilnehmer zu sorgen.

Die Integrative Trauertherapie erlaubt ebenfalls Sitzungen zur Vorbereitung auf Gerichtsverfahren, wenn diese mit dem Tod in Verbindung stehen und die Patienten dies möchten. Dabei werden Vorkehrungen besprochen, die den Patienten helfen, das Gerichtsverfahren möglichst unbeschadet zu überstehen. Diese Situationen ergeben sich zum Beispiel bei Tod durch ein Gewaltverbrechen oder bei Erbstreitigkeiten.

Wie bereits erwähnt, haben sich Behandlungen für Komplizierte Trauer als sehr effektiv erwiesen. Am besten scheint sie sich bei den Patienten zu bewähren, die von sich aus Offenheit für Veränderung und Neues zeigen. Dazu gehört auch das tatsächliche Erproben neuer Verhaltensweisen und neuer Formen des Gefühls- und Selbstausdruckes. Denn die beste Motivation für Veränderung entsteht aus der Akzeptanz seiner selbst und seines Lebens, gerade auch nach dem traurigen Verlust eines wichtigen Angehörigen. So entstandene Motivation für Veränderung basiert auf wiedererwachender Lebenslust, die man sich selbst auch erlaubt. Es ist dann keine ›verordnete‹ Änderungsmotivation, der man eher missgelaunt nachgeht, weil alle sagen, es wäre gut für einen.

Alles wird anders, wenn man erkennt, dass mit dem Tod eines Menschen ein ganzes Universum untergeht – das des Verstorbenen.
Und dass viele andere Universen weiterexistieren, die der noch Lebenden …
… für jeden Menschen ein eigenes …
… zumindest für ein Weilchen, bis auch sie tot sein werden.

Literatur

American Psychiatric Association (2015): *Diagnostisches und Statistisches Manual Psychischer Störungen DSM-5®.* Deutsche Ausgabe herausgegeben von Peter Falkai und Hans-Ulrich Wittchen. Göttingen: Hogrefe.

Bonanno, G.A., Papa, A., Lalande, K., Zhang, N. & Noll, J.G. (2005): Grief processing and deliberate grief avoidance: A prospective comparison of bereaved spouses and parents in the United States and the People's Republic of China. *Journal of Consulting and Clinical Psychology,* 73, S. 86–98.

Bowen, M. (2004): Family Reaction to Death. In: F. Walsh, M. McGoldrick (Hg.): *Living beyond loss: Death in the family.* 2. Aufl. New York, NY US: WW Norton & Co., S. 47–60.

Bowlby, J. (1980): *Attachment and loss.* New York, NY US: Basic Books.

Bowlby, J. & Parkes, C.M. (1970): Separation and loss within the family. In: E.J. Anthony & C. Koupernik (Hg.): *The child in his family: International Yearbook of Child Psychiatry and Allied Professions.* New York: Wiley, S. 197–216.

Butollo, W. (2015a): *Die Angst ist eine Kraft.* München: Herbig.

Butollo, W. (2015b): *Vom Glück und Unglück der Familie.* München: Herbig.

Butollo, W. & Hagl., M. (2003): Trauma, Selbst und Therapie. Konzept und Kontroversen in der Psychotraumatologie. Bern: Huber.

Butollo, W. & Karl , R. (2012): Dialogische Traumatherapie. Manual zur Behandlung der Posttraumatischen Belastungsstörung. Stuttgart: Klett-Cotta.

Butollo, W., Krüsmann, M. & Hagl, M. (2002): *Leben nach dem Trauma: Über den therapeutischen Umgang mit dem Entsetzen.* 2. Aufl. München: Pfeiffer bei Klett-Cotta.

Doka, K.J. (2002): Introduction. In: K.J. Doka (Hg.): *Disenfranchised grief: Recognizing hidden sorrow.* Lexington, MA: Lexington Books, S. 3–11.

Freud, S. (1917) *Trauer und Melancholie.* Gesammelte Werke Bd. X. Frankfurt a.M.: Fischer.

Funk, R. & Hufnagel, H. (1995): Die Bedeutung der Angst für die Persönlichkeitsentwicklung. *Gesellschaft und Charakter. Jahrbuch der Internationalen Erich-Fromm-Gesellschaft.* Münster: LIT Verlag, S. 117–124.

Hagl, M., Powell, S., Rosner, R. & Butollo, W. (2014): Dialogical Exposure with traumatically bereaved Bosnian Women: Findings from a controlled trial. *Clinical Psychology and Psychotherapy.* doi: 10.1002/cpp.1921.

Hoffer, K. (1979): *Halbwegs. Bei den Bieresch 1.* Frankfurt am Main: S. Fischer.

Horowitz, M. (1992): *Stress response syndromes.* New York, NY: Jason Aronson.

Horowitz, M.J., Bonanno, G.A. & Holen, A. (1993): Pathological grief: Diagnosis and explanation. *Psychosomatic Medicine,* 55(3), S. 260–273.

Kaléko, Mascha (1945): Memento. In: *Verse für Zeitgenossen.* Hagen: Schoenhof Verlag.

Kersting, A., Brähler, E., Glaesmer, H. & Wagner, B. (2011): Prevalence of complicated grief in a representative population-based sample. *Journal of Affective Disorders,* 131, S. 339–343.

Kersting, A., Reutemann, M., Ohrmann, P., Schütt, K., Wesselmann, U., Rothermundt, M., Suslow, T., Arolt, V. (2001): Traumatische Trauer – ein eigenständiges Krankheitsbild? *Psychotherapeut,* 46, S. 301–308.

Kübler-Ross, E. (1971): *Interviews mit Sterbenden.* Stuttgart: Kreuz-Verlag.

Kübler-Ross, E. (1969): *On Death And Dying.* New York: MacMillan Publishing.

Latham, A.E. & Prigerson, H.G. (2004): Suicidality and Bereavement: Complicated Grief as Psychiatric Disorder Presenting Greatest Risk for Suicidality. *Suicide and Life-Threatening Behavior,* 34(4), S. 350–362.

Lindemann, E.E. (1944): Symptomatology and management of acute grief. *The American Journal of Psychiatry,* 101, S. 141–148.

Newson, R.S., Boelen, P.A., Hek, K., Hofman, A. & Tiemeier, A. (2011): The prevalence and characteristics of complicated grief in older adults. *Journal of Affective Disorders,* 132, S. 231–238.

Papero, D. (1990): *Bowen Family Systems Theory.* Boston: Allyn and Bacon.
Parkes, C.M. (1972): *Bereavement: Studies of Grief in Adult Life.* New York: International Universities Press.
Parkes, C.M. (1965). Bereavement and mental illness. *British Medical Journal*, 38, S. 1–26.
Parkes, C.M. & Weiss, R. (1983): *Recovery from Bereavement.* New York, NY US: Basic Books.
Perls, F. (1988): *Gestalt Therapy Verbatim.* Highland, NY: The Center for Gestalt Development.
Pfoh, G. (2012): *Complicated Grief. Evaluating Integrative Cognitive-Behavioral Therapy for Adults. A Randomized Controlled Trial.* Berlin: Logos.
Pfoh, G., Kotoučová, M. & Rosner, R. (2015): Integrative Kognitive Verhaltenstherapie: Eine ambulante Einzeltherapie für die anhaltende Trauerstörung bei Erwachsenen. In: R. Rosner, G. Pfoh, R. Rojas, M. Brandstätter, R. Rossi, G. Lumbeck, M. Kotoučová, M. Hagl & E. Geissner (Hg.): *Anhaltende Trauerstörung. Manuale für die Einzel- und Gruppentherapie.* Göttingen: Hogrefe, S. 32–90.
Pfoh, G., Kotoučová, M. & Rosner, R. (2012): Komplizierte Trauer: Ambulante Einzeltherapie. In: M. Maragkos (Hg.): *Begegnung, Dialog und Integration: Festschrift für Prof. Dr. Willi Butollo.* Tübingen: dgvt, S. 93–108.
Powell, S., Butollo, W. & Hagl, M. (2010): Missing or killed. The differential effect on mental health in women in Bosnia and Herzegovina of the confirmed or unconfirmed loss of their husbands. *European Psychologist*, 15, S. 185–192.
Prigerson, H.G., Horowitz, M.J., Jacobs, S.C., Parkes, C.M., Aslan, M., et al. (2009): Prolonged Grief Disorder: Psychometric Validation of Criteria Proposed for DSM-V and ICD-11. *PLoS Med. 2009 Aug. 6(8).* Epub 2009 Aug 4.
Prigerson, H.G. & Jacobs, S.C. (2001): Traumatic grief as a distinct disorder: A rationale, consensus criteria, and a preliminary empirical test. In: M.S. Stroebe, R.O. Hansson, W. Stroebe, H. Schut (Hg.): *Handbook of bereavement research: Consequences, coping, and care.* Washington, DC US: American Psychological Association, S. 613–645.
Rosner, R., Pfoh, G., Rojas, R., Brandstätter, M., Rossi, R., Lumbeck, G., Kotoučová, M., Hagl, M. & Geissner, E. (2015): *Anhaltende Trauerstörung: Manuale für die Einzel- und Gruppentherapie.* Göttingen: Hogrefe.
Rosner, R. & Wagner B. (2009): Komplizierte Trauer. In: A. Maercker (Hg.): *Posttraumatische Belastungsstörungen.* 3. Aufl. Heidelberg: Springer Medizin, S. 441–456.
Statistisches Bundesamt (2015): Bevölkerung und Erwerbstätigkeit. Zusammenfassende Übersichten. Eheschließungen, Geborene und Gestorbene. 1946–2014. Wiesbaden: Statistisches Bundesamt.
Stroebe, M.S., Hansson, R.O., Stroebe, W. & Schut, H.A.W. (2008): *Handbook of bereavement research and practice.* Washington: American Psychological Association Press.
Stroebe, M., & Schut, H. (1999): The Dual Process Model of Coping with Bereavement: rational and description. *Death Studies*, 23 (3), S. 197–224.
Stroebe, M., & Schut, H. (2010): The Dual Process Model of Coping with Bereavement: A decade on. *Omega: Journal of Death and Dying*, 61(4), S. 273–289.
Stroebe, M., Schut, H. & Stroebe, W. (2007): Health outcomes of bereavement. *The Lancet*, 370(9603), S. 1960–1973.
Worden, J.W. (2007): *Beratung und Therapie in Trauerfällen: Ein Handbuch.* 3., unveränd. Aufl. Bern: Huber.
Worden, J.W. (1982): *Grief counseling and grief therapy: A handbook for the mental health practitioner.* New York: Springer Publishing.
Yalom, I. (2010): *Existenzielle Psychotherapie.* 5. Aufl. Köln: Ehp.
Znoj, H. (2004): *Komplizierte Trauer. Fortschritte der Psychotherapie Band 23.* Göttingen: Hogrefe.

Zitatnachweis:

S. 61: Mascha Kaléko: Sämtliche Werke und Briefe in vier Bänden. Herausgegeben von Jutta Rosenkranz. © 2012 dtv Verlagsgesellschaft, München.